다니엘서는 오늘날 신앙에 해를 끼치는 문화 속에서 살아가는 그리스도인들에게 중요한 메시지를 준다. 다니엘 자신이 그런 문화 속에 살았으며, 그는 우리 주위의 세상이 신앙을 위협할 때에도 그 신앙에 견고히 설 수 있는 방법을 보여 주었다. 그리고 다니엘서는 지금 우리가 처한 상황이 어렵더라도, 하나님이 모든 일을 주관하시며 최후의 승리를 이루어 내실 것임을 거듭 일깨워 준다. 바바라 륭 라이는 이 간결하면서도 내용이 풍부한 해설서 속에 그녀의 해박한 지식과 명쾌한 통찰을 담아냈다. — 트렘퍼 롱맨 3세, 웨스트몬트 칼리지, 구약학 교수

많은 이들에게 다니엘서는 대체로 불가해하고 수수께끼 같은 책으로 여겨진다. 이 책에서 바바라 륭 라이 박사는 이 도전적인 성경 본문을 택하여 현대의 독자들에게 그 내용을 능숙하게 펼쳐 보이고 있다. 다니엘서의 역사적 맥락과 문학적 형식, 신학적 강조점, 그리고 무엇보다 그 본문을 통해 제시되는 다니엘의 성격을 분석하면서, 라이 박사는 이 책의 독자들이 다니엘서의 메시지를 자신들의 삶 속에 어떻게 전유할 수 있을지를 이해하도록 이끌어 간다. 특히 흥미로운 것은 그 성경 본문에서 다니엘의 공적인 삶과 사적인 삶 모두가 묘사되고 있다는 논의이다. — 존 케슬러, 토론토의 틴데일 신학교, 구약학 교수 겸 성서학과장

이 책은 심오하면서도 수수께끼 같은 다니엘서의 내용에 대한 알기 쉬운 해설서이다. 이 책의 독자들은 높은 곳에 올라가서 인간의 역사를 다스리시는 하나님의 주권을 멀리 바라보게 되며, 또 아래로 깊이 내려가서 다니엘과 유대 공동체의 내적인 세계를 들여다보게 된다. 그러고는 과거의 그 본문이 복잡한 현대 세계에 전해 주는 메시지들을 체험하게 된다.
— 테렌스 라우 박사, 캐나다의 C&MA 대표 사역자

이 책은 다니엘서에 나타난 '하나님의 주권'을 신비롭게 풀어냈을 뿐만 아니라, 신학과 신앙의 가교를 적절히 제공한다. 이것을 통해서 한국 목회자는 성도에게 말씀을 풀어내는 방식을, 그리고 성도는 말씀에 담긴 의미를 적절히 교훈받을 수 있을 것이다. — 민경구, 에스라성경대학원대학교 구약학 교수

이 책은 다니엘서의 난해한 내용과 영적인 유익을 쉽고도 영감 있게 제시하고 있으며, 하나님의 신비스러운 섭리에 대한 끝없는 질문과 이해를 통해 독자가 깊이 있는 신앙의 길을 가도록 인도한다. — 배정훈, 장로회신학대학교 구약학 교수

본서는 어려운 다니엘서를 저자의 독특한 통찰력으로 쉬우면서도 간결하게 풀어 나간 책이다. 다니엘서를 바로 해석할 수 있는 지침을 제시하면서, 각 장의 핵심 주제들을 적절하게 요약해 준다. — 이희성, 총신대학교 신학대학원 구약학 교수

Copyright © 2016 by Barbara Leung Lai
Originally published in English under the title
Glimpsing the Mystery: The Book of Daniel
by Lexham Press, 1313 Commercial St., Bellingham, WA 98225, U.S.A.
All rights reserved.

Translated and used by permission of Lexham Press.

This Korean Edition Copyright © 2017 by Jireh Publishing Company,
Goyang-si, Gyeonggi-do, Republic of Korea.

이 한국어판 저작권은 Lexham Press와 독점 계약한 이레서원에 있습니다.
신저작권법에 의하여 한국 내에서 보호받는 저작물이므로 무단 전재와 무단 복제를 금합니다.

신비를 엿보다: 다니엘

Glimpsing the Mystery : The Book of Daniel

신비를 엿보다: 다니엘
Glimpsing the Mystery: The Book of Daniel

바바라 룽 라이 지음
송동민 옮김

초판 1쇄 인쇄   2017년 11월 6일
초판 1쇄 발행   2017년 11월 10일

발행처   도서출판 이레서원
발행인   문영이
출판신고   2005년 9월 13일 제2015-000099호

기획   이혜성
편집   송혜숙, 오수현
영업   박생화
총무   곽현자

경기도 고양시 일산동구 중앙로 1160 오원플라자 701호
Tel. 02)402-3238, 406-3273 / Fax. 02)401-3387
E-mail: Jireh@changjisa.com
Website: Jireh.kr / Facebook: facebook.com/jirehpub

책값은 표지에 있습니다.

ISBN 978-89-7435-495-4 03230

신저작권법에 의해 한국 내에서 보호받는 저작물이므로 저작권자의 서면 허락 없이 이 책의 어떠한 부분이라도 전자적인 혹은 기계적인 형태나 방법을 포함해서 그 어떤 형태로든 무단 전재하거나 무단 복제하는 것을 금합니다.

이 도서의 국립중앙도서관 출판예정도서목록(CIP)은 서지정보유통지원시스템 홈페이지(http://seoji.nl.go.kr)와 국가자료공동목록시스템(http://www.nl.go.kr/kolisnet)에서 이용하실 수 있습니다. (CIP 제어번호: CIP2017027470)

03 일상을 변화시키는 말씀

신비를 엿보다
: 다니엘

Glimpsing the Mystery
The Book of Daniel

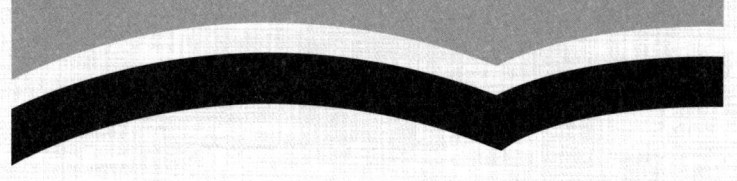

바바라 룽 라이 지음
크레이그 바르톨로뮤 편집
송동민 옮김

이레서원

"그러나 너는 끝까지 나아가라.
마지막 때에 너는 안식을 얻고 네 몫을 누리게 될 것이다."
(단 12:13, 저자의 번역)

가족이자 친구이며 동료 순례자인
나의 자매들 – 크리스틴, 그레이스, 글래디스에게

목차

1장	서론 · 9	
2장	이 땅의 일들에서 나타난 하나님의 주권 · 27	
3장	이 땅에서 천상의 영역으로 · 50	
4장	다니엘서에 나타난 묵시적인 하나님의 모습 · 89	
5장	다니엘과 우리 자신의 변화 · 97	
6장	결론 · 112	

참고 문헌 · 117

1장

서론

 2001년 9월 11일 저녁, 나는 다니엘서와 묵시 문학에 관한 수업을 시작했다. 학생들은 그날 오후를 지나 저녁까지 이어지고 있었던 비극적인 사건에 큰 충격을 받은 상태였다. 그리고 남편과 딸, 사위가 세계무역센터에서 근무 중인 학생이 교실 한구석에 앉아 있었다. 그녀에게 집에 가서 연락을 기다리겠는지 물었지만, 그녀는 그 제안을 거절하고 그 괴로운 시간 동안 교실에 남아 있기로 선택했다. (이후 그녀는 가족들이 모두 살아남았음을 알게 되었지만, 그 사건으로 조카를 잃고 말았다.) 이때 내 수업의 부제목을 트렘퍼 롱맨 3세(Tremper Longman III)가 다니엘서 주석에서 밝힌 주제에서 따왔던 것은 참으로 우연한 일이 아니었다. "현재의 모습이 어떻든지, 하나님이 모든 일을 다스리고 계신다."[1]

다니엘서는 유대 민족이 큰 국가적 위기를 맞았던 시기에 기록되었으며, 그 기록 목적은 현재의 상황에도 불구하고 주권자이신 하나님이 여전히 모든 일을 다스리고 계심을 일깨움으로써 그들을 격려하는 데 있었다. 이 시간을 초월하는 메시지는 주전 6세기의 포로 공동체에서 오늘날의 신앙 공동체에 이르기까지 수많은 세대의 성도에게 깊은 호소력을 지녀 왔다. 이 책은 여러 왕과 제국들이 일어났다가 쇠퇴하곤 하던 다니엘의 시대를 향해 뚜렷한 메시지를 주었으며, 어지럽고 혼란스러운 오늘날의 세계를 향해서도 그와 같은 메시지를 제시한다. 지금도 각 나라들 사이에 끊임없는 전쟁과 충돌이 벌어지고 있으며, 인간의 힘으로 통제할 수 없는 전 세계적인 재난들이 일어나고 있다. 그리고 수많은 사람들이 의미 없는 고난에 깊이 시달리고 있다. 이 모든 일은 우리 신앙을 뿌리부터 뒤흔들어 놓을 힘이 있다. 우리는 다니엘이 가졌던 간절한 바람을 공유하면서(12:6), 그가 다른 선지자들이나 시편 기자들과 함께 던졌던 이 질문을 다시 하게 된다. "어느 때까지입니까?"(시 80:4; 82:2).

---

1 Tremper Longman III, *Daniel*, NIV Application Commentary (Grand Rapids: Zondervan, 1999), 13.

다니엘서 살피기

"이와 같은 때에"

중국계 캐나다인인 나는 토론토 중심부에 있는 중국인 신앙 공동체들 가운데서 주로 사역하고 있다. 내가 속한 신앙 공동체에서는 2001년 9월 11일의 비극적인 사건 이후 새롭게 뒤바뀐 세계의 모습에 지체들이 적응하도록 돕기 위해, 다니엘서를 함께 공부해 왔다. 깊은 목회적 의미가 담긴 이 책을 함께 살피는 동안, 사람들은 그 속에 담긴 메시지를 자기 삶의 정황에 적용하면서 힘과 위로를 얻고 있다. 이민자들, 적대적인 세력의 지배 아래 놓인 이들, 극심한 신앙의 시련을 겪는 이들을 위한 생존 안내서로서 이 책이 유익한 가치를 지닌다는 점은 입증되어 왔다.[2]

또한 나는 장년층에 속하고, 상당한 특권을 누리는 또래 집단을 대상으로 사역하고 있다. 이들은 잘 교육받은 중산층의 전문직 종사자들로서 그 가운데에는 중국인, 그리고 중국인이 아닌 사람들 모두가 포함된다. 이런 상황에서 내가 속한 공동체를 끈질기게 괴롭히는 한 가지 문제가 있다. 곧 캐나다의 집단적인 문화, 우리 전문직 종사자들의 삶, 우리가 처한 경제·사회적 상태는 인간이 겪

---

2 Barbara Leung Lai, "Word Becoming Flesh [On Appropriation]: Engaging Daniel as a Survival Manual," in *Global Voices: Reading the Bible in the Majority World*, ed. Craig S. Keener and M. Daniel Carroll R. (Peabody, MA: Hendrickson, 2012), chapter 5를 보라.

는 고난의 무의미함과 불합리성에 관해 적절한 답을 제시해 주기 어렵다는 것이다. 다니엘이 속했던 포로 공동체의 경우처럼, 우리 역시 깊은 불안을 느끼면서도 막연한 기대를 품고 미래를 바라보게 된다. 그리고 하나님은 그분의 일을 계시하시는 분이면서도, 자신의 주권적인 뜻에 따라 우리로 하여금 마지막 때의 비밀한 일들에 관해 얼마간 불확실한 긴장 상태에 머물게 하신다는 점을 염두에 둘 필요가 있다.

다니엘서를 읽어 가는 동안에, 우리 눈에는 주로 그 표면의 잔물결만이 보일 뿐이지만 실제로는 거대한 일들이 '수면 아래서' 벌어지고 있음을 우리는 깨닫게 된다. 하나님의 위대하심과 주권은 우리가 매일의 삶에서 겪는 이야기들 속에서 체험될 수 있지만, 그 일상적인 삶의 수준을 넘어서는 것이기도 하다. 이 같은 이해는 우리가 끈기 있는 신앙과 인내심을 갖도록 이끌어 주는 변화의 길이 될 수 있다.

하나님이 주신 놀라운 환상과 기이한 일들을 체험해 온 다니엘은 이 책의 끝부분에서 그를 안심시키는 약속의 말씀을 듣는다. "그러나 다니엘아, 너는 끝까지 나아가라. 마지막 때에 너는 안식을 얻고 네 몫을 누리게

> 하나님의 위대하심과 주권은 우리가 매일의 삶에서 겪는 이야기들 속에서 체험될 수 있지만, 그 일상적인 삶의 수준을 넘어서는 것이기도 하다.

될 것이다."(12:13, 저자의 번역). 이처럼 이 책은 차분하면서도 우리 마음을 안심시키는 소망으로 갑작스레 끝을 맺고 있다. 롱맨이 언급했듯이, "다니엘서는 하나님의 백성이 처한 과거와 현재와 미래의 상황에 대한 하나님 그분의 주권을 능숙한 솜씨로 그려 내고 있다. 그 주권은 힘난한 세상 한가운데서도 그분의 백성에게 희망과 확신을 불어넣어 준다."[3] 그러니 우리의 신앙 여정에서도, 현재의 상황이 힘겨워 보인다 해도 마음을 안심시키는 이 소망만 있다면 충분히 헤쳐 나갈 수 있을 것이다.

다니엘서와 그 배경

열두 장으로 구성된 다니엘서는 세 제국과 네 왕을 아우르는 역사적 틀 안에 놓여 있다. 여기서 세 제국은 바벨론, 메대 바사, 헬라(그리스)이며, 네 왕은 바벨론 왕 느부갓네살과 벨사살, 메대 왕 다리오, 바사 왕 고레스이다. 그리고 이 책에는 서로 구별되는 두 개의 성경 장르가 담겨 있다. 궁정 이야기(1-6장)와 묵시 문학(7-12장)이 그것이다. 궁정 이야기는 왕의 궁전에서 벌어진 일을 다룬 것으로, 대개 한 인물이 왕의 명령으로 위험한 처지에 놓이지만 하나님의 손으로 건짐을 받는다는 내용을 담고 있다(창세기 39-41장에서 언급되는 요셉의 이야기와 비교해 보라). 그리고 묵시 문학은 미

---

3 Longman, *Daniel*, 26.

래에 벌어질 일들과 하나님의 심판을 상징적인 표현을 써서 드러내는 데 초점을 맞추는 문학 장르이다. 이 '묵시'(apocalyptic)라는 명칭은 '계시, 드러냄'을 뜻하는 그리스어 *apokalypsis*에서 유래했다. 이 장르는 특히 마지막 때에 있을 일들을 상세히 드러내는 데 관심을 쏟는다. 다니엘서는 구약 성경에서 가장 묵시적인 특징을 보여 주는 책이며, 이 장르는 초기 기독교 시대(주후 200년경)까지 계속 인기를 끌었다.

다니엘 1:1-2, 21; 6:28; 10:1의 언급에 따르면, 이 책은 주전 6세기에 기록되었다. 다니엘은 여호야김 왕의 통치기 제3년에 포로로 끌려갔으며(1:1; 주전 605년), 다니엘에게 주어진 네 번째 환상에서는 당시의 연대가 마지막으로 이렇게 언급되고 있다. "바사 왕 고레스 제삼년에"(10:1; 주전 536년). 각 궁정 이야기가 시작될 때마다 당시의 구체적인 연대와 인물들이 언급되며(1:1-2; 2:1; 3:1; 4:4; 5:1; 6:1), 네 개의 환상이 시작될 때마다 더욱 정확히 언급되는 것(7:1; 8:1; 9:1; 10:1)이 다니엘서의 특징이다. 그리고 이 궁정 이야기들의 틀을 이루는 역사적인 배경 언급을 면밀히 살필 때, 하나의 뚜렷한 패턴이 드러난다. 곧 각 장은 구체적인 역사적 배경을 언급하는 것으로 시작하며(1:1-2; 2:1; 3:1-2; 4:4-5; 5:1-3; 6:1-3), 그 왕들이 다니엘(과 세 친구)의 지위를 높여 주었음을 언급하면서

끝을 맺는다(1:18-21; 2:47-49; 3:30; 5:29; 6:28).[4]

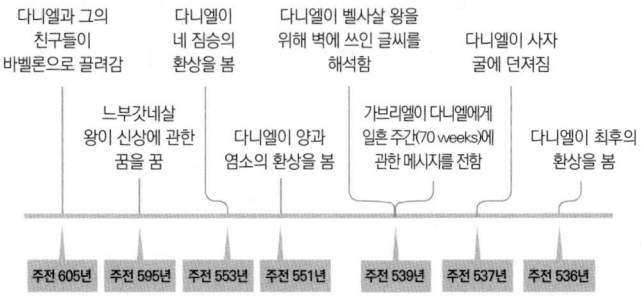

| 다니엘서에 기록된 사건들의 연대표

다니엘서의 역사적인 배경은 고대 근동의 문헌을 통해 더 자세히 뒷받침되며, 그 배경은 다니엘서의 내용과 첫 독자들의 정황을 이해하는 데 중요한 역할을 한다. 첫 독자들은 곧 주전 6세기에 바벨론에 포로로 끌려가 살고 있던 유대인들이다. 여러 왕과 제국들이 일어났다가 곧이어 무너지곤 했던 것이 당대의 혼란스러운 세계가 지닌 특징이었다. 다니엘 1장은 니느웨 전투(주전 612년)에서 앗수르 제국을 꺾은 바벨론이 세계적인 강대국으로 떠오르면서 시작된다. 주전 605년에 느부갓네살 2세가 왕위에 오르면서

---

4 4장의 경우만은 예외이다.

바벨론은 점차로 그 힘의 절정을 누렸지만, 주전 562년에 그가 숨을 거둔 후 곧 쇠퇴하게 된다. 그러고는 메대 바사가 또 다른 강대국으로 떠올랐으며, 주전 539년에는 바사의 고레스 대왕이 바벨론의 수도를 점령했다. 1-6장의 이야기에서 나타나듯이 다니엘과 세 친구(사드락, 메삭, 아벳느고), 그곳에 포로로 끌려온 유대 공동체는 이 강력한 제국들의 적대적인 통치를 견뎌야만 했다. 그중 가장 지독한 것은 바로 바벨론의 통치였다.

궁정 이야기의 주된 등장인물은 다니엘과 그의 친구들이며, 이들은 세 명의 이방 왕과 대면하게 된다. 그 왕들은 곧 바벨론의 느부갓네살과 벨사살, 그리고 바사의 다리오이다. 이 책의 묵시적인 부분에서는 다니엘이 중심인물로 등장한다(7-12장). 이 후반부의 여섯 장은 그의 일인칭 시점에서 묘사되고 있으며, 자신이 경험한 환상들을 직접 서술한 기록으로 제시한다. 이 장들에는 그가 본 환상들뿐 아니라 이에 관해 천사들이 그에게 알려 준 해석들도 담겨 있다. 다니엘서의 저자는 이 일인칭 시점을 통해, 자신이 겪은 환상에 동참하며 그 이야기들을 있는 그대로 받아들이도록 모든 독자를 초청한다(예를 들어, 7:15, 28; 8:27).[5] 또한 이 책은 두 언어로 쓰여 있다. 곧 2:4 하반부에서 7:28까지는 아람어로, 나머지 부

---

5 John Goldingay, *Daniel*, Word Biblical Commentary (Dallas: Word, 1987, 『다니엘』, 솔로몬), xl. 여기에서도 그런 독법을 추천하고 있다.

분은 히브리어로 기록되어 있다.[6]

연대와 저자

다니엘서의 기록 연대와 저자 문제에 관해서는 논란이 있으며, 그중 가장 일반적인 두 견해는 주전 6세기에 기록되었다는 견해와 주전 2세기에 기록되었다는 견해다. 이때 세 가지 요소를 고려할 필요가 있다.

1. 다니엘서가 주전 6세기에 기록되었다는 언급이 본문 자체에 직접 나타나는 것은 아니지만, 1-6장뿐만 아니라 (어느 정도까지는) 7-9장에서도 그 당시에 일어난 일들을 서술하고 있다.
2. 잘 알려진 인물의 이름(이 경우에는 '다니엘')을 빌려 글을 쓰는 것은 고대 근동 지역의 일반적인 관습이었으며, 특히 그리스 혹은 헬라 제국이 통치하던 시기에 그러했다(주전 323-148년). 그런데 이 점에 관해 우리 독자들은 다음의 질문을 던져 볼 수 있다. 만약 주전 6세기의 다니엘이 아닌 다른 사람이 이 책을 쓰거나 창작했다면, 왜 일인칭으로 기록된 환상 부분(7-12장)에는 그 주체가 누구인지를 강조하는 "나 다

---

6 다니엘서에 쓰인 언어가 히브리어에서 아람어로, 다시 히브리어로 바뀌는 이유를 살피려면, Anathea E. Portier-Young, "Language of Identity of Obligation: Daniel as Bilingual Book," *Vetus Testamentum* 60 (2010): 98-115의 논의를 참조하라.

니엘"이라는 표현이 포함되어 있는 것일까?(7:15, 28; 8:27; 10:2, 7; 12:5) 그리고 원래의 독자들은 그 표현을 어떻게 이해하고 받아들였을까?

3. 이 책의 본문을 있는 그대로 살펴보면, 8장에 기록된 환상의 범위는 그리스 제국에까지 확대됨을 알 수 있다. (특히 8:21에서는 그리스를 직접 언급하고 있다. "털이 많은 숫염소는 곧 헬라 왕이요 그의 두 눈 사이에 있는 큰 뿔은 곧 그 첫째 왕이요")

하지만 놀랍게도, 궁극적으로는 그 저자가 주전 6세기의 인물이든, 주전 2세기의 인물이든 간에 다니엘서의 해석에는 별 차이가 생기지 않는다.[7] 여기서 우리는 다니엘서가 주전 6세기에 기록되었다는 점이나 다니엘이 직접 그 책을 썼다는 점을 자세히 변

---

[7] 복음주의 성경학자들 사이에서는 다니엘서의 연대에 관해 일반적인 의견 일치가 이루어지지 않고 있다. 존 골딩게이는 이 책이 주전 2세기에 최종적으로 편집되었다고 해석한다(Goldingay, *Daniel*, xl를 보라). 그는 또한 "놀랍게도 그 이야기들이 역사이든 허구이든, 그 환상들이 실제 예언이든 유사 예언[quasi-prophecy, 실제로 일이 벌어진 이후에 기록된 예언]이든, 그 내용을 다니엘이 썼든 다른 누군가가 썼든, 그 내용이 주전 6세기나 주전 2세기, 또는 그 사이의 어느 시기에 기록되었든 간에 이 책을 주해하는 데에는 별로 영향을 미치지 않는다."라고 밝히고 있다(xl). 이와 유사하게, 조이스 볼드윈은 이렇게 언급한다. "이 책의 기록 연대(주전 6세기든 주전 2세기든)가 확정될 수 없다는 사실은 이 책을 해석하는 데에 큰 영향을 주지 않는다." (Joyce Baldwin, "Theology of Daniel," *New International Dictionary of Old Testament Theology and Exegesis* [*NIDOTTE*], 4:499.) 그리고 다니엘서가 주전 6세기에 기록되었음을 주장하는 롱맨의 논증 역시 살펴보라(*Daniel*, 21-24).

론하지는 않을 것이다. 다만 위에 언급한 요소들로부터 우리는 두 가지 결론을 얻을 수 있다.

1. 가명으로 글을 쓰는 것은 고대 근동 지역에 널리 퍼진 관습이었지만, 이처럼 자신이 누구인지를 강조하는 "나 다니엘"이라는 표현이 쓰인 것은 일인칭으로 기록된 구약의 본문들 가운데서도 독특한 성격을 지닌다. (전도서에 나타난 저자의 '나'라는 표현법과 느헤미야서에 기록된 느헤미야의 회상[느 1:1하-2:20; 4:1-7:73; 12:27-43; 13:1-31]을 다니엘서의 이 표현과 비교하면서 살펴보라.) 이 '나'라는 표현법 뒤에 있는 것이 주전 6세기의 다니엘 본인인지를 살피기 위해서는 이 독특성을 고려해야 한다.
2. 하나님이 주전 2세기에 벌어질 일들을 주전 6세기의 저자에게 계시하셨다(예를 들어 8:21에서는 그리스 제국이 통치하게 될 것을 언급한다)는 견해나, 주전 2세기의 저자 또는 창작자가 먼 과거인 주전 6세기에 하나님이 다니엘에게 계시하셨던 일들을 기록하게 되었다는 견해는 **모두** 하나님이 인간의 모든 역사와 그 이후까지도 주관하고 계심을 확증한다(특히 10-12장). 이와 유사한 예를 하나 들어 보자. 이사야서에서 산발적으로 언급되는 '나'라는 표현법을 주전 8세기에 활동했던 그 선지자 자신이 쓴 것으로 이해할 경우(사 5:3, 13; 6:1; 8:1-4; 15:5; 16:4, 9, 11; 21:2-4, 6, 10; 22:4-5, 14; 24:16; 25:1; 26:9, 20; 40:6; 49:1-5; 50:4-9; 61:10; 63:7), 44:28과 45:1에

서 고레스의 이름이 언급되는 것은 하나님이 주전 8세기의 청중에게도 미래의 일을 계시하실 수 있는 분임을 드러내는 또 다른 강력한 증거가 된다. 이 경우, 바사 왕 고레스는 그 본문이 기록된 지 두 세기 **이후**에 태어나는 인물이기 때문이다.

장들의 배열 순서

앞서 살펴보았듯이, 이 책의 특징 중 하나는 그 속에 담긴 여섯 개의 궁정 이야기와 네 개의 환상이 모두 당시의 역사적인 배경을 정확히 언급하는 것으로 시작한다는 데 있다(1:1-2; 2:1; 3:1; 4:1; 5:1; 6:1; 7:1; 8:1; 9:1; 10:1을 보라). 하지만 각 장은 연대순으로 배열되어 있지 않다. 그리고 이 점은 곧 지상에 있는 궁정의 일상적인 삶에서 하나님의 주권을 입증한 사건들과, 또한 하늘의 환상들을 통해 알려졌듯이 하나님이 모든 악의 세력을 누르고 마침내 자신의 영원한 주권을 드러내시리라는 기대 사이에 서로 연관성이 있음을 강조해 준다.

7장과 8장에 기록된 환상들은 벨사살 왕의 통치기에 주어졌다. 그는 (주전 556-539년에 통치했던) 아버지 나보니두스(Nabonidus)와 공동으로 바벨론 제국을 다스렸던 인물이며, 이 환상들은 5장에 기록된 사건들보다 시간적으로 앞선다. 그리고 6장과 9장의 환상들은 메대 사람 다리오의 통치기에 주어진 것이며, 마지막 환상(10-12장)은 고레스의 통치기에 주어졌다.

각 장의 이런 배열에는 두 가지 의미가 있다. 첫째로, 각 장을 이렇게 배열함으로써, 이 책의 흐름은 하나님이 이 땅의 사건들에 개입하셔서 세 이방 왕의 다스림 아래 놓인 다니엘과 그 친구들의 생명을 지키고 보존하셨다는 내용(1-6장)을 거쳐 더욱 정교한 천상의 영역에서도 그분의 신비한 일들이 펼쳐지고 있음을 보여 주는 7-12장으로 자연스레 이행된다.

개요

여섯 개의 궁정 이야기(1-6장)
a. 느부갓네살 왕의 궁정에 있는 다니엘과 세 친구(1장)
b. 지혜자인 다니엘(2장)
c. 하나님이 그 세 친구를 맹렬한 풀무 불에서 건져 내심(3장)
d. 나무에 관한 느부갓네살 왕의 꿈과 그 해석(4장)
e. 벽에 쓰인 글씨와 그 해석(5장)
f. 사자 굴의 다니엘(6장)

네 개의 환상(7-12장)
a. 네 짐승의 환상(7장)
b. 양과 염소(8장)
c. 다니엘의 회개 기도와 일흔 번의 '이레'에 관한 예언(9장)
d. 하늘의 메시지를 전하는 자에 관한 환상, 그리고 역사의 목적과 종말에 관한 계시(10-12장)

둘째로, 이 이행은 막힘이 없이 이루어진다. 곧 이 포로 공동체는 이 땅에서 하나님이 행하시는 기적적인 일들을 직접 눈으로 보게 되며, 그와 동시에 주권자이며 승리자이신 하나님의 천상의 비밀이 환상을 통해 다니엘에게 전해진다. 7-12장의 본문은 일인칭으로 기록되어 있으며, 이는 그 내용을 글쓴이 자신이 직접 겪은 신뢰할 만한 이야기로 전달하기 위함이다.

다니엘서에 등장하는 통치자들

통치자	등장하는 본문
느부갓네살	1-4장
벨사살	5, 7-8장
메대 사람 다리오	6, 9, 11-12장
고레스 대왕	6:28, 10장

이 점에 관해 한 예를 들어 보자. 8장에서 다니엘은 '숫양과 숫염소'가 싸우는 환상을 보게 된다. (8:19-20에서 보듯이 숫양은 메대와 바사의 왕과 왕국들을, 8:21에서 보듯이 숫염소는 그리스의 왕과 왕국들을 상징한다.) 이 책의 원래 독자인 주전 6세기 포로 공동체의 시각에서 볼 때, 그 환상의 이러한 구체적인 측면들은 그 이후로 적어도 몇 세기가 지나기 전까지는 실현되지 않을 일이었다. 다니엘은 그 환상을 보고 마음에 섬뜩한 충격을 받아 며칠간 앓아누웠지만, 여전히 벨사살 왕의 궁정에 나가 업무를 보아야만 했다(8:1, 27). 이처

럼 다니엘이 이 땅에서 보인 반응과 하늘의 하나님이 주신 계시는 8장의 본문에서 제시되는 하나의 시간적인 틀 속에서 서로 자연스러운 조화를 이룬다.

다니엘서를 어떻게 읽을 것인가

우리는 세 가지 방식으로 다니엘서를 읽어 갈 수 있다. 첫째로 다니엘서는 구약에 속한 묵시 문학이기에, 묵시 문학의 해석 지침에 따라 해석될 수 있다.[8] 우리는 이후 진행될 논의에서 적절한 때에 이 점을 좀 더 자세히 논할 것이다.

둘째로 다니엘서는 예언 문학으로 읽을 수 있다. 성경의 예언에는 '곧바로 말함'(선포)과 '앞을 내다보며 말함'(예견)의 요소가 모두 담겨 있다. 다니엘서의 경우, '곧바로 말하는' 본문은 다니엘이 왕의 꿈들을 해석하는 부분(2, 4, 5장)과 그가 본 환상들의 의미를 천상적인 존재들이 설명해 주는 부분(7-12장)이다. 그리고 5장에서는 앞일을 내다보는 예언과 그 성취 사이의 간격이 가장 짧게 나타난다(5:30-31에서 보듯이 그 예언은 그날 밤 바로 이루어졌다). 4:28-34은 다니엘이 느부갓네살 왕의 꿈(24-27절)을 해석하면서 '곧바

---

[8] 이 점에 관해, 고전적이지만 유익한 논의로 C. M. Kempton Hewitt, "Guidelines to the Interpretation of Daniel and Revelation," in *A Guide to Biblical Prophecy*, ed. Carl E. Armerding and W. Ward Gasque (Grand Rapids: Baker, 1997), 101-16을 보라.

로 말하는'(선포) 가운데서 미리 내다본 예언이 성취된 또 다른 예다.

셋째로 1-6장은 일종의 지혜 문학으로 읽을 수 있다. 구약의 지혜 개념은 잠언 3:33("악인의 집에는 여호와의 저주가 있거니와 의인의 집에는 복이 있느니라")과 신명기 11:26-28(신명기 28장도 보라)에서 제시된 '두 갈래의 길' 또는 '복과 저주'에 뿌리를 두고 있다. 따라서 이 책의 전반부는 다니엘과 세 친구가 하나님 앞에서 품은 경건과 충성심에 대한 보상으로, 하나님이 그들을 보호하시며 큰 능력을 부어 주셨음을 강조하는 관점에서 읽을 수 있다.

주요 신학적 주제

다니엘서를 지배하는 한 가지 주제는 하나님의 주권이 이 땅의 일들과 하늘의 영역 모두에서 드러난다는 데 있다. 이 점은 이 책의 궁정 이야기(1-6장)와 묵시적인 환상(7-12장) 모두에서 나타난다. 하나님은 악한 세력들이 활동하는 이 세상을 다스리실 뿐 아니라, 하늘의 우주적인 싸움에서도 승리를 거두시는 분이다.

다니엘서 전체에 걸쳐 나타나는 두 번째 신학적 주제는 하나님이 비밀한 일들을 드러내신다는 개념이다. 그분은 참으로 '묵시적인'(드러내시는) 하나님이시다. 그리고 하나님은 그렇게 하늘의 비밀한 일들을 드러내실 뿐 아니라, 다른 한편으로는 그 일들을 감추심으로써 우리를 긴장 상태에 놓아두기도 하신다.

이런 주제들이 다니엘서 전반에 걸쳐 전개되지만, 우리는 다니엘서의 단일한 신학적 핵심을 찾으려 하다가 다니엘서

> 하나님은 악한 세력들이 활동하는 이 세상을 다스리실 뿐 아니라, 하늘의 우주적인 싸움에서도 승리를 거두시는 분이다.

가 오늘날의 신앙 공동체에 주는 의미를 제한하게 되는 일이 없도록 주의해야 한다. 다니엘서의 열두 장에 담긴 내용을 해석해 나가면서, 우리는 또 다른 신학적 주제들을 발견하게 될 것이다. 그 주제들은 곧 하나님에 대한 다니엘서의 다면적인 관점과 다니엘의 내적인 삶과 탐구 정신을 통해 우리 앞에 드러나는 것들이다. 그러므로 단일한 핵심 주제를 찾으려는 접근법을 벗어나서 좀 더 그 책의 내용에 스스로를 몰입시키는 독법을 택할 때, 우리는 다니엘서 읽기가 오늘날의 독자들에게 더욱 풍성한 의미를 주는 경험이 될 수 있음을 발견하게 된다.

| 읽 어 볼 글 들 |

- 다니엘 1장
- 역대하 36:15-23
- 에스라 1장
- 이사야 44:24-28

| 생 각 해 볼 질 문 |

01 당신은 어떻게 해야 다니엘서 읽기에 몰입할 수 있겠는가?

_____

_____

02 지금 당신의 삶을 너무나 혼란스럽고 골치 아프게 만드는 문제는 무엇인가? 21세기에 우리는 삶의 현실을 받아들이기 위해 어떤 식으로 믿음을 의지할 수 있을까?

_____

_____

03 이 장에서 인용했던 존 골딩게이의 글을 숙고해 보라. "놀랍게도 그 환상들이 실제 예언이든 유사 예언[quasi-prophecy, 실제로 일이 벌어진 이후에 기록된 예언]이든, 그 내용을 다니엘이 썼든 다른 누군가가 썼든, 그 내용이 주전 6세기나 주전 2세기, 또는 그 사이의 어느 시기에 기록되었든 간에 이 책을 해석하는 데에는 별로 영향을 미치지 않는다." 당신은 그의 말에 동의하는가? 아니면, 동의하지 않는가? 그 이유는 무엇인가?

_____

_____

2장

이 땅의 일들에서 나타난 하나님의 주권

다니엘서에는 구약에서 잘 알려진 몇몇 이야기가 담겨 있다. 그런 이야기들로는 다니엘이 느부갓네살 왕의 꿈을 해석한 이야기(2장), 하나님이 바벨론 제국에 용감히 맞선 다니엘의 세 친구 사드락과 메삭과 아벳느고를 맹렬한 풀무 불에서 건져 내신 이야기(3장), '벽에 쓰인 글씨'에 관한 이야기(5장), 그리고 다니엘이 사자 굴에서 기적적으로 건짐을 받은 이야기(6장)가 있다.

이 본문들은 매우 극적인 신앙과 구원의 이야기들로서 어른과 아이들 모두에게 매혹적인 것으로 다가온다. 전반적인 성경 해석이 그렇듯이, 이 이야기들을 해석하는 것은 과학이나 예술 중 어느 한 영역에만 관련되는 일이 아니라 이 둘 모두에 속한 작업이다. 이 점은 곧 독자들이 본문의 이야기들에 적극적으로 몰입하는 것이 매우 중요함을 의미한다.

히브리어로 기록된 내러티브에 관한 두 가지 핵심적인 통찰을 살필 때, 우리는 이 궁정 이야기들의 전반적인 목적을 이해하는 데 도움을 얻을 수 있다. 첫째로, 어떤 이야기가 서술되는 **방식**은 서술되는 **내용**만큼이나 중요하며, 심지어는 **더** 중요할 수도 있다. 둘째로, 성경의 저자들은 중요한 점을 강조할 때 반복의 기법을 자주 사용한다.[9] 이 두 가지 통찰은 우리에게 서술자, 곧 그 이야기들을 들려주는 이의 관점을 이해하는 단서를 준다. 따라서 우리는 이 책의 첫 여섯 장에 담긴 지배적인 메시지를 이해하는 데 도움을 얻을 수 있다.

이 궁정 이야기 모음집(1-6장)의 중요한 주제는 바로 하나님의 주권이다. 한편으로는 이방 왕들이 내린 명령과 그들의 행위를, 다른 한편으로는 다니엘과 세 친구가 보인 용기와 지혜를 묘사하면서 이 이야기들의 서술자는 우리에게 이런 질문을 던지는 듯하다. "최고의 주권자는 과연 누구인가?"[10] 그리고 서술자는 종종 주권적인 하나님과 이 땅의 왕들을, 또한 고귀한 종 다니엘을 이방

---

9 이 점에 관해서는 J. P. Fokkelman, *Reading Biblical Narrative: An Introductory Guide*, trans. Ineke Smit (Louisville: Westminster John Knox, 1999), 특히 2장을 보라.

10 Danna Nolan Fewell, *Circle of Sovereignty: Plotting Politics in the Book of Daniel* (Nashville: Abingdon, 1991)을 보라.

궁정의 현자들(점성술사나 점술가 등)과 대조하면서 극적인 방식으로 이 질문에 답한다. 이 여섯 개의 궁정 이야기를 '생존 교본'으로 이해하는 셰인 커크패트릭(Shane Kirkpatrick)[11]의 언급에 따르면, 포로로 끌려온 유대 민족의 이야기 속에서 드러나는 하나님의 손길에 초점을 맞출 때 다니엘서의 중심 메시지가 더욱 잘 나타난다. 이는 곧 그 공동체에 속한 이들의 눈에는 그 상황이 어떻게 보이든 간에, 하나님은 여전히 모든 일을 주권적으로 다스리고 계신다는 것이다.

또한 데이비드 발레타(David M. Valeta)에 따르면, 1-6장은 적대적인 통치자의 지배에 맞서는 "저항 문학"으로 해석될 수 있다. 성경의 인물들은 종종 창의적인 풍자와 유머를 사용하여 이 땅의 왕들이 내린 가혹한 명령과 요구에 저항하기 때문이다.[12] 예를 들어 다리오 왕은 자신의 신하들에게 조종되는 유약한 인물로 묘사되며(6:8-20), 그의 이런 모습은 확신에 차 있고 침착한 다니엘과 대조를 이룬다(8:10, 21-23). 이와 마찬가지로 데이비드 러셀(David S. Russell)은 현대의 정치 만화에서 주로 쓰이는 기법과 묵시 문학의 기법 사이에서 네 가지 유사성을 찾아내며, 우리는 일인칭으로

---

11 Shane Kirkpatrick, *Competing for Honor: A Social-Scientific Reading of Daniel 1-6*, BIS 74; (Leiden: Brill, 2005).

12 David M. Valeta, *Lions and Ovens and Visions: Satirical Reading of Daniel 1-6*, HBM 12; (Sheffield: Sheffield Phoenix Press, 2008)을 보라.

기록된 다니엘서의 환상 속에서 그 특성을 살펴볼 수 있다.[13]

1. 이 둘 모두 강렬한 시각적 이미지나 문학적 심상을 사용하여 자신이 말하고자 하는 내용을 과장된 형태로 표현한다.
2. 이 둘 모두 전통적이고 관습적인 이미지들을 많이 활용하며, 그 가운데서는 종종 동물들이 두드러진 역할을 감당한다.
3. 이 둘 모두 일부러 모호한 언어와 비밀스러운 암시들을 활용한다.
4. 정치 만화와 묵시적인 심상 모두 구체적으로 특정 시기에 벌어진 일들에 연관된다.

다니엘서는 당시의 역사적 정황이 낳은 결과물로서 그 정황을 반영하고 있다고 이해하는 것이 가장 바람직하다. 따라서 원래의 독자들은 우리보다 다니엘서의 내용을 더 쉽게 파악할 수 있었으리라는 점을 인정해야 한다. 휴잇(Hewitt)은 근래의 역사적 사례를 들어 이 점을 예증하고 있다.[14] 베트남 전쟁에서 월맹군에 붙잡힌 미 해군 조종사들이 여전히 작전을 수행 중인 다른 조종사들의 이름을 대라는 압박을 받았을 때, 그들은 도널드 덕과 미키 마우스

---

13 David S. Russell, "Apocalyptic Imagery as Political Cartoon?," in *After the Exile: Essays in Honour of Rex Mason*, ed. John Barton and David J. Reimer; (Macon: Mercer University Press, 1996), 192-99.
14 Hewitt, "Guidelines," 105.

를 비롯한 디즈니 만화 캐릭터들의 이름을 늘어놓았다. 월맹군은 그 사실을 모른 채, 전 세계를 상대로 한 방송에 그 이름들을 내보냈다. 곧 그 조종사들은 적군을 창의적으로 이용하여 자신들이 아직 살아 있으며 위험에 처해 있다는 메시지를 몰래 전달했던 것이다. 이와 마찬가지로 현대의 독자인 우리는 포로로 끌려간 유대인들의 공동체가 위기에 처해 있지만 여전히 잘 생존하고 있다는 다니엘서의 지배적인 메시지를 이해할 수 있다. 하지만 우리는 당시 그 공동체의 역사적인 정황을 잘 알아야만 파악할 수 있는 세부 사항들은 많이 놓치고 있다.

이 책은 서로 다른 두 부분으로 이루어져 있지만(1-6장과 7-12장), 우리는 두 가지 측면에서 이 책이 전체적인 일관성을 지닌다고 주장할 수 있다. 첫째로, 7:1; 8:1; 9:1; 10:1; 11:1은 이 책의 궁정 이야기 부분에서 제시되는 내러티브의 틀과 조화를 이루며, 1-6장 전체에 걸쳐 나타나는 것과 마찬가지로 일관성 있는 전환점을 제공한다. 둘째로, 첫 부분의 맺음말인 "이 다니엘이 다리오 왕의 시대와 바사 사람 고레스 왕의 시대에 형통하였더라"(6:28)는 두 번째 부분의 마지막 구절과 비슷한 울림을 지닌다. "그러나 다니엘아, 너는 끝까지 나아가라. 마지막 때에 너는 안식을 얻고 네 몫을 누리게 될 것이다."(12:13, 저자의 번역). 이 요약과 축복은 이 책의 두 부분을 하나로 묶는 역할을 하며, 독자에게 이 책은 전체적인 일관성을 지닌 글로 읽어야 함을 알려 준다.

궁정 이야기 읽기(1-6장)

1장: 왕의 궁정에 들어간 다니엘과 그의 친구들

이 장에 언급된 인물들 가운데 유다 왕 여호야김(주전 609-597년 통치)은 유일하게 얼굴도, 목소리도 나오지 않는 인물이다. 그에 관한 1절의 언급은 극적인 아이러니를 이룬다. 이는 곧 여호야김의 패배와 그에 대한 바벨론 왕 느부갓네살의 승리 뒤에는 하나님이 계셨기 때문이다. 2절과 9절에서는 같은 표현을 반복하면서 이야기의 긴장감을 고조시키며, 이를 통해 유대인들이 바벨론으로 끌려간 사건과 그곳의 궁정에서 다니엘과 친구들이 보호받은 일 모두의 배후에는 하나님이 계셨음이 강조된다.

> "그리고 주님이 유다 왕 여호야김을 그[느부갓네살]의 손에 **주셨다**." (2절 상반부, 저자의 번역)
>
> "이제 하나님은 환관장 앞에서 다니엘에게 친절과 긍휼을 **주셨다**." (9절, 저자의 번역: 또는 NIV, "이제 하나님이 **그 관원을 움직여** 다니엘에게 호의와 긍휼을 베풀게 하셨다.")

하나님이 힘을 주셔서, 다니엘과 세 친구는 열흘 동안 왕의 음식을 삼가는 시험을 통과하게 된다(10-16절).[15] 그리고 이 강조점은 17절의 요약적 평가에서 다시 나타난다. "하나님이 이 네 소년에게 학문을 **주시고** 모든 서적을 깨닫게 하시고 지혜를 **주셨으니**."

또한 다니엘의 비범한 특징은 그 네 명 중에서도 두드러지게 나타난다. 17절에서 이야기의 서술자는 하나님이 다니엘에게 꿈과 환상을 해석할 능력을 주셨음을 소개하고, 2장과 4장과 5장에서 다니엘은 여러 왕을 위해 이 능력을 활용한다. 그리고 그는 이 우수한 젊은이들이 환관장과 협상하는 과정에서 머리(1:8)와 입(1:12-13)의 역할을 했다. 여기서 서술자는 우리로 하여금 다니엘이 공적인 인물로서 지닌 내적 자질을 어렴풋이 살필 수 있게 해 준다. 곧 그는 굳은 의지를 지닌 사람이었던 것이다. 다니엘서의 본문은 "고치다/정하다"의 언어유희를 활용하면서[16], 각 젊은이의 이름을 바벨론식으로 "고친" 환관장(7절)과 왕의 음식이나 포도주로써 자신을 더럽히지 않기로 마음을 "정한" 다니엘(8절)을 서로 비교한다. 그리고 21절은 다니엘이 거둔 성공을 이렇게 요약한다. "다니엘은 고레스 왕 원년까지 있으니라." 그때는 곧 주전 539년

---

15 왕의 음식을 먹는 것은 바벨론 궁정에 나아가기 위한 3년간의 '훈련 과정'에서 요구되는 일 중 하나였다(5절).

16 히브리어 원문에는 7절의 "고치다"와 8절의 "정하다"가 모두 같은 단어로 되어 있다.

으로, 이는 그가 세 제국(바벨론, 메대, 바사)과 네 왕(느부갓네살, 벨사살, 다리오, 고레스)의 통치를 겪었음을 뜻한다. 한편으로 21절의 이 요약적 평가는 이후의 장들에서 다니엘이 거두게 될 성공을 예고하는 역할을 한다. 하지만 다른 각도에서 살펴보면, 이 첫 궁정 이야기의 주인공은 다니엘도 아니고 느부갓네살도 아니고 주 하나님 자신이심이 드러난다. 여기서 이 모든 일을 이루신 분은 바로 하나님이시기 때문이다.

다니엘서에 나타난 유대식 이름과 바벨론식 이름[17]

유대식 이름	바벨론식 이름
다니엘	벨드사살
하나냐	사드락
미사엘	메삭
아사랴	아벳느고

2장: 다니엘이 꿈을 해석하다

2장은 바벨론 왕궁에 있는 박수와 술객, 점쟁이와 갈대아 술사들을 향한 도전으로 시작된다. 그들에게는 느부갓네살 왕이 꾼 꿈

---

17 John D. Barry et al., *Faithlife Study Bible* (Bellingham, WA: Lexham Press, 2012, 2016), 다니엘 1:7의 해설 부분 참조.

의 내용을 파악하고 해석할 능력이 없었기 때문이다. 그 꿈은 곧 금과 은, 놋과 쇠로 만들어진 거대한 신상에 관한 것이었다. 이즈음에 다니엘은 왕궁에서 확고한 지위를 굳히고 있었다. 그는 왕 앞에 직접 나아갈 수 있는 사람이었다(16, 24-25절). 하지만 이와 동시에 그와 친구들의 생명은 위협받고 있었다(13절). 17-18절에서 다니엘은 세 친구에게 하나님이 긍휼을 베푸셔서 그 꿈의 비밀을 알려 주시기를 간구하도록 요청한다. 그리고 20-23절에 이어지는 하나님을 향한 찬양과 송영의 내용은 다니엘이 그 왕의 꿈을 해석하면서 한 아래의 말과 날카로운 대조를 이룬다. "왕이여 왕은 여러 왕들 중의 왕이시라 하늘의 하나님이 나라와 권세와 능력과 영광을 왕에게 **주셨고** 사람들과 들짐승과 공중의 새들, 어느 곳에 있는 것을 막론하고 그것들을 왕의 손에 넘기사 다 **다스리게 하셨으니**…"(37-38절).

느부갓네살은 하나님이 다니엘에게 그 꿈을 해석할 능력을 주셨음을 인정하고, 이를 통해 이 장의 메시지가 더욱 강조된다. 곧 이스라엘과 유다의 하나님께 경배하지 않는 왕들도 이렇게 선언한다. "너희 하나님은 참으로 모든 신들의 신이시요 모든 왕의 주재시로다 … 네 하나님은 또 은밀한 것을 나타내시는 이시로다"(47절). 2장은 다니엘이 왕궁의 높은 지위에 오르고, 그의 세 친구는 각 지방을 다스리는 행정관이 되는 것으로 끝맺는다(48-49절).

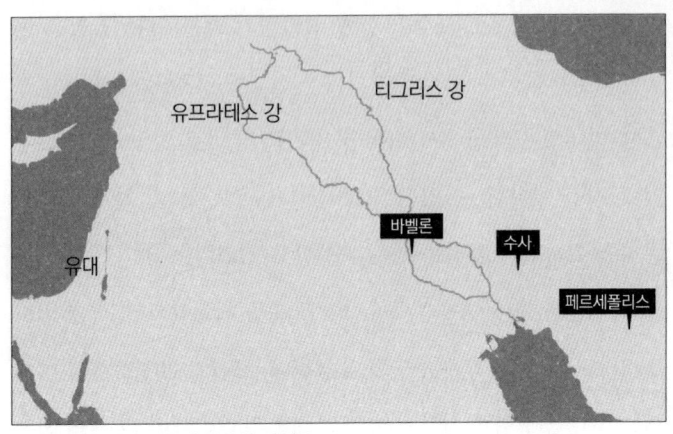

| 바벨론과 바사 제국의 중요한 지역들

이 장에서 다니엘과 친구들은 위협 아래 놓이지만 그 문제는 해결되고, 그들의 지위는 높아진다. 또 하나님은 다니엘에게 그 꿈의 내용과 의미를 계시하시고, 느부갓네살 왕은 하나님의 크신 능력을 인정하게 된다. 이 같은 이야기의 진행 방식을 통해 서술자가 던지는 질문은 바로 이것이다. "참된 주권자는 누구인가?" 그리고 서술자는 독자들을 곧장 그 답으로 이끌어 간다. 바로 느부갓네살에게 나라와 권세와 능력과 영광을 주신 분, 모든 신들의 신이시요 모든 왕의 주재이신 분이야말로 진정한 주권자이시다.

3장: 풀무 불에서 건짐을 받다

3장에서는 앞선 1장에서 소개되었던 다니엘의 세 친구 사드락과 메삭과 아벳느고가 하나님의 개입을 통해 맹렬한 풀무 불에서 건짐을 받은 이야기가 생생히 묘사된다. 3장에는 다니엘이 전혀 등장하지 않으며, 세 친구의 이름이 열세 번에 걸쳐 함께 언급된다(12, 13, 14, 16, 19, 20, 22, 23, 26[두 번], 28, 29, 30절). 얼른 보기에는 그 세 친구와 거대한 금신상을 세운 느부갓네살 왕이 이 유명한 이야기의 중심에 있는 것처럼 보인다. 그러나 15절에서 "능히 너희를 내 손에서 건져 낼 신이 누구이겠느냐"라고 힐문했던 느부갓네살이 29절에 가서는 "이는 이같이 사람을 구원할 다른 신이 없음이니라"라고 고백할 때, 이 아름답게 빚어진 이야기의 중심에 있는 분은 바로 사드락과 메삭과 아벳느고를 기적적으로 건져 내신 히브리인들의 하나님이심이 드러나게 된다.

3장은 여러 목소리가 등장하는, 또는 다양한 의미와 음조가 담긴 본문이다. 이는 그 이야기 속에 여러 다른 이들의 관점이 표현되어 있음을 뜻한다. 이들은 여기서 벌어지는 사건들에 관해 제각기 다른 반응을 보이고 있다.[18] 이곳에서 등장하는 목소리의 숫자를 살필 때, 우리는 3장이 매우 '시끄러운' 본문임을 알게 된다. 날카로운 대조와 반복을 통해 서로 영향을 주고받는 이 목소리들은

---

18 히브리 문헌에서 다의성(multivocality)이 어떻게 활용되는지를 좀 더 살펴려면, Francis Landy, "Vision and Voice in Isaiah," *Journal for the Study of the Old Testament* 88 (2000): 19-36을 보라.

서술자의 관점과 이 장의 핵심 메시지를 더욱 뚜렷이 드러낸다. 3장에는 다섯 가지 목소리가 담겨 있으며, 그중 일부는 여럿이 함께 내는 소리다.

1. 칙령을 내리고(1, 13-15, 19절), 놀람에 찬 물음을 던지며(24-26절), 감탄의 소리를 외치는(28-29절) 느부갓네살 왕의 목소리. 그의 목소리는 최고 권력자인 지배자의 음성에서 히브리인들의 하나님이 베푸신 기적적인 구원의 능력을 목도하고 스스로를 낮춘 이의 음성으로 바뀌게 되며, 이는 그의 마음이 변화되었음을 상징한다.
2. 왕이 내린 칙령을 크고 분명하게 전달하는 선포자의 목소리(4-6절). 그는 느부갓네살 왕이 품은 이상, 곧 각 언어로 말하는 모든 백성과 나라들이 그 왕이 세운 신상 앞에 엎드려 경배해야 한다는 것을 충실히 받들고 선언한다.
3. 칙령을 내리는 왕과 선포자의 목소리를 보완하는 여러 악기 소리("나팔과 피리와 수금과 삼현금과 양금과 생황과 및 모든 악기").[19]
4. 유다 사람들을 고발하는 점성술사들의 음험한 목소리. 이들은 시기 혹은 질투심에서 그 신실한 세 젊은이를 모함하려 한다.
5. 끝으로 다니엘의 세 친구가 함께 내는 목소리. 이들은 왕 앞

---

19 5절, 7절, 10절, 15절에서 이 악기들은 같은 순서로 나열되고 있다.

에 끌려가서도 담대히 하나님 편을 드는 신실한 자들이다 (16-18절).

앞서 언급했듯이, 반복은 성경 전체에 걸쳐 어떤 점을 강조하려 할 때 사용되는 문학적 장치이다. 3장에서는 일곱 종류의 표현이 반복되며, 이는 느부갓네살이 세운 신상의 화려함을 강조할 뿐 아니라 사드락과 메삭과 아벳느고가 받은 징벌의 혹독함과 더불어 그들이 받은 구원의 경이로움을 드러낸다. (1) 왕의 칙령을 옹호하는 관원과 신하들의 지위(2, 3, 27절); (2) "왕이 세운 금신상"이라는 어구(2, 3, 5, 12, 14, 15, 18절); (3) 악기들의 목록(5, 7, 10, 15절); (4) "엎드려 절하다"라는 어구(6, 7, 10, 11, 14절); (5) **각** 언어로 말하는 **모든** 백성과 나라들에 관한 언급(4, 7절); (6) 풀무 불에 대한 묘사(6, 11, 15, 17, 21절); (7) 다니엘의 세 친구 이름에 관한 언급(12, 13, 14, 16, 19, 20, 22, 26, 28, 29, 30절).

끝 무렵에서 이 장의 이야기는 예상치 못했던 쪽으로 아이러니하게 방향을 튼다. 곧 서로 대조되는 두 관념이 하나로 급격히 합쳐진다.[20] 이는 그와 같이 구원을 행하실 분은 오직 사드락과 메삭과 아벳느고의 하나님뿐이었기 때문이다(29절, 또한 15절과 비교해

---

20 역주: 이는 앞서 언급되었듯이 "아무도 내 손에서 건져 낼 신이 없다."라고 장담했던 느부갓네살이 "이처럼 사람을 구원해 낼 다른 신이 없다."라고 스스로 고백하게 되는 변화를 가리킨다.

보라). 이 결론은 15절에서 느부갓네살이 던진 질문, "그러면 어떤 신이 너희를 내 손에서 건져 내겠느냐?"(저자의 번역)에 대한 강력한 대답이 된다. 이 끝부분에서 그 답을 고백하는 것은 바로 그 느부갓네살 왕 자신이기 때문이다.

4장: 또 다른 꿈과 그 해석

4장은 독특한 구조를 지닌다. 느부갓네살 왕의 찬미와 송영이 첫 부분(1-3절)에서는 칙령의 형태로, 끝 부분(34-35절)에서는 결론적인 송영의 형태로 나타나면서 이 장의 이야기를 아우르고 있기 때문이다. 첫 부분의 찬미에 뒤따르는 사건들은 다음과 같다. (1) 느부갓네살이 자신의 꿈 내용을 이야기하고 해석자를 찾음(4-18절); (2) 다니엘이 그 꿈을 해석함(19-27절); (3) 그 꿈이 그대로 이루어짐(28-33절); (4) 느부갓네살이 회복되고 결론적인 송영을 드림(34-37절). 이런 사건들의 흐름을 서술해 나가면서, 이 궁정 이야기는 신앙 공동체가 전능한 것처럼 보이는 인간 군주 앞에서 무력한 상황에 있지만 사실 그 왕은 가장 강력한 존재가 아니라는 것을 드러냄으로써 그들을 격려하고 확신을 주려 한다. 곧 모든 것을 다스리는 분은 바로 **하나님**이시며, 그분은 자기 백성을 위해 일하신다.

느부갓네살이 자신의 꿈 내용을 이야기하고 해석자를 찾음(4-18절): 그는 일인칭의 강조 화법을 써서("나 느부갓네살이") 자신이 꾼 꿈의 자세한 내용을 밝힌다(5절). 7-12장에 담긴 일인칭의 환상 기록에서 나타나게 될 특징과 마찬가지로, 그는 그 꿈이 자신에게 준 정서적 충격을 독자들에게 전하고 있다. 곧 그는 두려워하며 번민에 사로잡혔던 것이다(5절). 9절에서 다니엘은 (a) "박수장" 곧 (b) "거룩한 신들의 영"을 지닌 자이며 (c) "어떤 은밀한 것이라도 … 어려울 것이 없는"이로 소개되고 인정된다. 롱맨의 지적처럼, 이 장은 궁정에서 벌어진 경합의 이야기로 해석될 수 있다(출애굽기 7:8-13도 보라). 다만 이 이야기는 다소 차분한 어조로 서술되고 있다. 이 이야기는 바벨론의 다른 점술가들은 그 일에 실패한 반면, 다니엘은 성공을 거두었음을 조용히 보여 준다.[21] 그리고 다니엘이 성공을 거둔 이유는 독자들에게 이미 알려져 있다. 이는 앞선 1:17에서 하나님이 그에게 꿈을 해석할 능력을 주셨음을 밝히고 있기 때문이다. 그리고 이 사실은 2장에 가서 바벨론 궁정에서 처음으로 드러나게 된다.

다니엘이 그 꿈을 해석함(19-27절): 이어서 그 이야기는 3인칭 서술자의 시점에서 진행되어 간다. 여기서 드러나는 다니엘과 느부갓네살 왕 사이의 역학 관계는 주목할 만하다. 다니엘은 그 왕이 꾼 꿈의 모든 의미를 알려 주지 않으려 한다. 이는 느부갓네살 자신

---

21 Longman, *Daniel*, 117.

이 그 꿈에 나오는 나무로서 하나님이 내리실 심판의 대상이기 때문이다. 이 해석의 끝머리에서, 다니엘은 느부갓네살이 하나님의 심판을 피하게 되기를 바라면서 그에게 권면하고 조언한다. 그러나 그 바람은 결국 느부갓네살의 불순종 때문에 좌절되고 만다(28-33절). 27절에서 다니엘은 느부갓네살에게 회개를 요청하고, 이는 그 꿈에서 예고되었듯이 하나님의 심판이 곧 닥치게 되리라는 것을 확증하는 토대가 된다.

그 꿈이 그대로 이루어짐(28-33절): 우선 28절은 그 꿈이 그대로 이루어졌음을 요약적으로 단순하게 서술한다. "이 모든 일이 다 나 느부갓네살 왕에게 임하였느니라." 그러고는 그때 일어난 비극적인 사건들이 자세히 언급되는데, 이 일들은 다니엘이 그 꿈을 해석한 지 열두 달이 지난 후에 벌어진 것들이다(29-33절). 느부갓네살은 자신의 왕궁 옥상을 거닐다가 눈앞에 보이는 광경의 웅장함에 경탄하면서 이렇게 말한다. "이 큰 바벨론은 내가 능력과 권세로 건설하여 나의 도성으로 삼고 이것으로 내 위엄의 영광을 나타낸 것이 아니냐"(30절). 그는 자신을 낮추고 회개하기를 거부했으며, 이에 따라 그 비극적인 예언이 즉시 이루어진다.

느부갓네살이 회복되고 결론적인 송영을 드림(34-37절): 이 이야기는 느부갓네살이 원래 상태를 되찾고 하나님께 결론적인 송영을 드리면서 끝이 난다. 위의 사건들을 겪은 그는 이제 자신의 것으로 여겼던 능력과 위엄과 영광(30절)을 하나님께 돌리고, 그분의 권세는 영원하며 그 나라는 늘 변함없이 지속될 것임을 고백한다(34절). 그분이 바로 최고의 주권자이시며, "그의 손을 금하든지 … 할 자가 아무도 없[다]"(35절).

그리고 이 이야기의 교훈은 마지막 구절에 담겨 있다. "교만하게 행하는 자를 그가 능히 낮추심이라"(37절). 여기서는 서술자가 바벨론 왕 느부갓네살의 강력한 통치[22]와 히브리인들의 하나님께 속한 영원한 권세와 왕국 사이를 예리하게 대조함에 따라 이 교훈이 드러나게 된다. 그리고 이 이야기는 "참된 주권자는 누구인가?"라는 질문에 다시 한 번 뚜렷한 답을 제시해 준다.

5장: 벽에 쓰인 글씨

5장은 바벨론 궁정에 있는 벨사살 왕[23]의 모습을 소개하면서 급작스럽게 시작된다. 3장에서 느부갓네살 왕은 거대한 금신상을 만

---

22 고대의 문헌들과 고고학의 발견 결과에 따르면, 바벨론 제국은 느부갓네살의 시대에 그 전성기를 맞아 거대한 영토를 확보하고 있었다. Longman, *Daniel*, 121, 특히 이 페이지의 각주 14번을 보라.
23 바벨론의 기록에 따르면, 벨사살은 주전 562년에 사망한 느부갓네살의 직계 후손이 아니었다. 바벨론의 마지막 왕(주전 556-539년)은 나보니두스(Nabonidus)로 기록되어 있으며, 벨사살은 그의 아들이었다. 그는 아버지가 수도를 떠나 있는 동안에 바벨론을 다스렸다. 그러나 그가 아버지와 공동으로 통치한 정확한 기간은 알려져 있지 않다. 더 자세한 논의를 위해서는 Goldingay, *Daniel*, 106-8을 보라.

들었다. 그리고 여기 5장에서 벨사살은 자신의 귀족들을 위해 큰 잔치를 **베풀고**,[24] 그의 선왕 느부갓네살이 예루살렘 성전에서 탈취해 온 거룩한 그릇에 술을 따르라고 명령을 내린다(1-4절). 그런데 잔치가 진행되는 동안, 사람의 손가락이 나타나서 석회 벽 위에 글씨를 쓰기 시작한다(5절). 절망과 공포에 빠진 왕은 모든 자문관을 불러 그 글을 읽고 해석하도록 명한다. 그러나 아무도 그 일에 성공하지 못하자, 왕은 극도의 두려움에 사로잡힌다(9절). 그런데 이때 그의 어머니인 왕후가 다니엘을 소개한다(10-13절). 그리고 이 장의 내용은 왕을 책망하는 다니엘의 연설과 그 글에 관한 해석으로 이어진다. 그 글에는 파멸의 메시지가 담겨 있었다. 끝으로, 이 장은 벨사살의 최후를 알리면서 급작스럽게 끝이 난다. "그날 밤에 갈대아 왕 벨사살이 죽임을 당하였고 메대 사람 다리오가 나라를 얻었[더라]"(5:30-31).

2장의 이야기가 히브리인들이 섬기는 하나님과 이 땅의 군주 사이에 벌어진 경합에 관한 것이었다면, 5장의 이야기는 나약한 왕 벨사살과 유능한 다니엘 사이의 경합으로 이해될 수 있다. 다니엘은 그 글씨를 해석할 능력이 있었기에 그 왕을 통제할 수단을 지니고 있었다. 이 경합은 특히 벨사살이 벽에 쓰인 글씨를 목격하고 보인 반응에 대한 6절의 묘사를 살필 때 뚜렷이 드러난다.

---

24 이 두 구절에서 '만들었다'와 '베풀고'에는 같은 히브리어 단어가 쓰였다.

이 구절은 그가 얼굴빛이 변하고 번민에 빠졌으며, "너무 두려워서 다리의 힘이 풀리고 무릎이 서로 부딪혔음"(6절)을 생생히 언급한다.[25] 이런 왕의 모습은 용감하고 유능한 모습을 보여 준 다니엘과는 크게 대조된다. 다니엘의 그런 모습은 그 왕을 책망하는 긴 연설 속에서 드러난다.

> **벽에 쓰인 글씨**
> 5:25에서 연회장의 벽에 쓰인 것으로 언급되는 어구는 "메네 메네 데겔 우바르신"이다. 이 수수께끼 같은 아람어 어구에 포함된 단어들은 측량 단위에 관련된 듯하며, 이 경우에 그 뜻을 이렇게 추정해 볼 수 있다. "한 므나, 한 므나, 한 세겔, 그리고 반으로 나뉜 둘." 다니엘은 그 글씨를 해석하면서 그 단어들의 의미에 근거해서 바벨론의 멸망이 가까이 임했음을 예언했다. "**메네**는 하나님이 … 세어서 … 끝나게 하셨다 함이요"(26절); "**데겔**은 왕을 저울에 달아 보니 … 보였다 함이요"(27절); "**베레스**는 왕의 나라가 나뉘어서 … 되었다 함이니이다"(28절).[26]

바로 이 대조를 통해, 다니엘의 하나님, 곧 파멸을 즉각적으로 성취하시는 그분의 능력이 뚜렷이 드러나게 된다. 이 장에 담긴 사건들은 "참된 주권자는 누구인가?"라는 질문에 또 하나의 강력한 답을 제시하며, 그 답은 바로 다니엘이 섬기는 하나님이 그 주

---

25 이 구절은 히브리어 성경의 6절에 해당하며, 여기서는 문자적으로 번역했다.
26 이 단락의 내용은 *Faithlife Study Bible*, 다니엘 5:25의 해설 부분에서 일부 가져왔다.

권자이시라는 것이다.

6장: 사자 굴

6장에서 서술자는 의도적으로 다니엘을 무대의 중심에 두고, 하나님이 기적적으로 그를 위기에서 건져 주심을 통해 그분의 주권이 드러나게 된다. 5장에서 왕을 담대히 꾸짖었던 다니엘의 목소리는 이제 조용한 저항의 목소리로 바뀐다. 1-6장을 저항 문학이자 생존 교본으로 읽으면서, 우리는 여기서 다니엘이 자신을 둘러싼 음모에 겁먹지 않고 차분히 저항하는 대응 전략을 취하고 있음을 볼 수 있다(10-13절). 그는 큰 뜻을 품은 지혜자로서의 공적인 역할과 왕국에서 세 번째로 강력한 힘을 가진 이로서의 지위를 견고히 굳힌 상태였다. 더 나아가 그는 다른 총리와 고관들 가운데서 자신을 부각시켰으며, 자신이 "비범한 영"(3절, NASB)을 지닌 인물임을 드러내 보였다. 이와 대조적으로, 메대 왕 다리오는 신하들에게 조종당하는 나약한 인물로 묘사되고 있다(6-9절).

다니엘은 다리오의 호의를 얻었다. 다리오 왕은 자신의 근심을 드러내고 다니엘의 하나님이 그를 사자 굴에서 건져 주시기를 바라는 뜻을 전달한다(14, 16, 18절). 다니엘은 왕의 그런 마음을 알고 있으며, 하나님이 사자들의 입을 막아 주실 것을 확신한다. 그래서 그는 위기를 눈앞에 두고서도 차분한 태도를 유지한다(10, 21-

22절).

이 궁정 이야기에서는 다리오 왕이 내린 보편적인 칙령을 통해 하나님의 권세와 능력과 주권이 더욱 확립된다. 그 칙령의 내용은 곧 "**온** 땅에 있는 **모든** 백성과 나라들과 언어가 다른 **모든** 사람들"(25절)[27]이 다니엘의 하나님을 두려워하고 경배해야 한다는 것이었다.[28] 이 칙령은 3장에서 느부갓네살이 내렸던 보편적인 칙령과는 정반대를 이룬다. 그때 느부갓네살은 각 언어로 말하는 모든 나라의 백성에게 자신이 세운 금신상 앞에 엎드려 경배할 것을 명령했었다(3:2-7을 보라).

결론

다니엘서의 첫 부분인 이 여섯 개의 궁정 이야기는 하나님의 영원한 나라와 권세를 찬미하며 확증하는 송영으로 끝맺는다(6:26-27). 이 확증적인 언급은 다니엘서의 전반부를 끝맺는 결론인 동시에 지배적인 메시지가 된다. 다니엘의 하나님이며 사드락과 메삭과 아벳느고의 하나님이신 분, 포로로 끌려온 유대 공동체의 하나님이신 동시에 여러 이방 왕들이 각각 대면했던 그 하나님이 바

---

27 히브리어 성경에서는 26절이다.
28 3장에서 느부갓네살 왕이 내린 칙령에도 "온"(all)과 "모든"(every)이 포함되어 있었던 것과 비교해 보라. 이 구절에서는 그와 정반대로, **모든** 이들에게 다니엘의 하나님을 두려워하고 경배할 것을 지시하고 있다.

로 참된 주권자이신 것이다. 그분은 모든 신들의 신이며 모든 군주들의 주재자이시라는 것이 이 전반부의 핵심 주제이다.

| 읽 어 볼 글 들 |

○ 하나님의 주권을 강조하는 단어와 어구들에 특히 주의하면서 다니엘 1-6장 전체를 읽어 보라.

| 생 각 해 볼 질 문 |

01 여섯 개의 궁정 이야기를 읽고, 각 이야기마다 하나님의 주권을 어떤 식으로 부각하고 있는지를 파악해 보라.

_____
_____
_____
_____

02 주권자 하나님을 신뢰하고 그분께 복종하는 일은 당신에게 무엇을 의미하는가?

_____
_____
_____
_____

3장

이 땅에서 천상의 영역으로

7장은 다니엘서의 후반부(7-12장)로 나아가는 주된 전환점이 된다. 앞선 여섯 장은 삼인칭으로 서술된 궁정 이야기였으나, 이제 나오는 여섯 장은 일인칭으로 서술되는 묵시적인 환상의 기록이다. 전반부에서 우리는 다니엘과 세 친구가 이방 왕들 앞에서 믿음을 지키고 고난을 견디는 모습과 하나님이 그 일들에 기적적으로 개입하시는 모습을 보았다. 곧 하나님이 자기 백성의 운명을 주관하신다. 그리고 후반부에서 우리는 하나님의 백성이 이방 땅에 포로로 끌려온 현재의 상황을 벗어나 궁극적으로 해방되는 모습을 바라보게 된다. 이런 흐름의 변화를 통해, 본문의 초점은 이방 왕들과 궁정의 신하들이 행하는 인간적인 악행을 떠나 그들의 배후에 버티고 있는 타락한 영적 세력들로 옮겨 간다. 이제 이야기는 다니엘과 친구들이 사자 굴과 풀무 불에서 건짐을 받는 1-6장을 벗어나서, 하나님의 백성이 영원한 부활과 기업을 받게 되는 다니엘서의 결론 부분으로 나아간다(12:13).[29]

1-6장에서는 본문의 서술자가 주권자이신 하나님이 결정하신 대로 모든 일이 이루어졌음을 우리에게 들려준다. 그러나 7-12장은 다니엘 자신의 목소리로 기록되어 있다. 그는 자신이 화자임을 강조하면서(7:15, 28; 8:27; 10:2, 7; 12:5의 "나 다니엘"을 보라), 주전 6세기의 포로 공동체에 속한 원래의 청중뿐 아니라 오늘날의 독자들까지 그의 환상 체험에 몰입하도록 초대한다.[30] 앞선 2장에서 언급했듯이 다니엘서의 각 장이 비연대순으로 배열된 것은 문학적으로 서로 구별되는 두 부분, 곧 궁정 이야기와 묵시 문학 사이의 전환점을 강조하기 위함이다. 그 전환은 부드럽고 자연스럽게 이루어진다. 1-6장에서는 주권자이신 하나님이 이 땅에서 행하시는 일들이 강조되는 한편, 7-12장에서는 그분이 하늘의 영역에서 행하시는 일들이 묘사되고 있다.

---

29 Longman, *Daniel*, 177에서도 이와 같은 움직임을 지적하고 있다.
30 골딩게이가 언급했듯이, "[다니엘서를 공부하는] 가장 좋은 방법은 다니엘의 말을 있는 그대로 받아들이면서 본문에서 묘사되는 환상 체험에 깊이 몰입하는 데 있다."(Goldingay, *Daniel*, xl)

다니엘서의 묵시적인 단락에 다가가기(7-12장)

다니엘서의 후반부에는 다니엘이 미래에 관해 본 환상의 내용이 기록되어 있으며, 이에 따라 묵시 문학의 특징적인 성격들이 나타난다. 그가 본 환상들은 불가해한 이미지, 천상적인 존재들에 대한 기이한 묘사, 알 수 없는 숫자들, 그리고 막연한 시간표들로 가득 차 있다. 첫 여섯 장의 의미를 헤아리는 과정에도 독자들의 적극적인 참여가 꼭 필요했지만, 7-12장을 읽을 때에도 일인칭으로 서술되는 환상에 정서적으로 더욱 깊이 동참해야만 한다.

달리 말해, 다니엘이 자신의 환상 체험을 묘사해 나가는 동안 독자들은 그 이야기에 몰입하도록 권면을 받는다. 그 본문이 독자들의 관여를 요구하는 방식을 살필 때, 우리는 네 가지 환상 각각의 의미를 이해하는 열쇠를 얻게 될지도 모른다(7:1-28; 8:1-27; 9:23-27; 10:1-12:13).

이런 접근 방식에는 세 가지 함의가 있다. 첫째로 그 환상들은 불가해한 성격을 지닌 것으로, 정확히 해석하기가 불가능하다. 하지만 다니엘은 천사들의 도움으로 그 환상들의 의미를 밝혀내는 일을 멈추지 않는다. 그는 눈앞에서 벌어지는 환상들을 주의 깊게 살피며, 그것들의 의미가 드러나기를 간절히 기다린다(7:6, 9, 11, 13, 19, 20; 8:3, 4, 5, 13, 15, 19, 20; 10:5, 7; 12:5, 8). 둘째로 다니엘은 자신에게는 더 알기를 원하는 갈망이 있지만, 그 환상들의 의미와 천사들이 그 환상을 해석해 준 내용은 자신의 이해력을 넘어서는 것임을 인정한다(7:15, 28; 8:27).

셋째로 그가 받은 정서적 충격은 너무도 커서(7:15, 28; 8:27; 10:7-11), 그 환상들을 보고 두려움에 빠진 그는 며칠간 앓아누울 뿐 아니라 이후에도 얼마 동안 깊은 괴로움을 겪게 된다. 달리 표현하면, 독자들은 다니엘이 본 환상의 경험적이며 정서적인 측면을 살핌으로써 그 선지자 자신뿐 아니라 그가 전하는 두려운 신적인 환상에도 공감할 수 있는 기회를 얻게 된다.

오늘날의 독자들은 다니엘의 환상을 어느 정도까지는 이해할 수 있지만, 그 모든 세부 사항을 완전히 파악할 수는 없다. 그 환상들 속에 담긴 메시지의 은밀한 성격을 생각할 때, 고대의 독자들 역시 많은 세부 사항을 이해하는 데 실패했을 것이다. 따라서 그 환상들의 내용을 완전히 파악하는 일과 묵시적인 시간표들[31]을 정확히 밝혀내는 일을 해석상의 우선순위로 삼아서는 안 된다. 그런 일들은 우리의 능력을 넘어서는 것이기 때문이며, 어쩌면 이것은 다니엘서의 저자가 의도한 바일지도 모른다. 켐프턴(C. M. Kempton)이 지적했듯이, "묵시 문학을 잘 이해하려면 겸손과 경외

---

31 이는 주전 6세기를 배경으로 하는 다니엘서 본문의 관점에서는 미래에 속했던 사건들의 전개에 관한 시간표들을 가리킨다.

심을 품고 다가가야만 한다."³² 곧 인간의 힘으로는 그 상징과 꿈, 기이한 환상들의 의미를 다 헤아릴 수 없다고 여기는 것이 **올바른 태도이다**(7:13-14, 17-18, 19-20, 28; 8:15, 26, 27; 12:5-13, 특히 12:8-9과 비교하면서 살펴보라). 그 환상들은 주권자이신 하나님이 모든 일을 주관하심을 분명히 밝히지만, 때로는 구체적인 내용을 덮어 둔 채로 우리를 긴장 상태에 놓아두기도 한다.

다니엘서의 묵시적인 부분을 깊이 살피기 전에, 먼저 묵시 문학의 특징을 더 자세히 알아보기로 하자. 때로 학자들은 묵시 문학의 핵심적인 특징을 다음과 같이 정리한다.³³ 이 장르에 속한 문헌이라고 해서 이 특징들을 전부 다 지니는 것은 아니지만, 다니엘서 7-12장의 경우에는 이 모든 특징이 나타난다.

- 환상 또는 꿈을 통해 신적인 계획이 드러난다.
- 종종 암호화된 언어로 과거와 현재의 사건들이 자세히 묘사된다.
- '마지막 때의 일들'이 자세히 묘사되며, 여기에는 초현실적인 사건들의 연대표가 포함된다.

---

32 C. M. K. Hewitt, "Guidelines to the Interpretation of Daniel and Revelation," *A Guide to Biblical Prophecy*, 102.
33 Michael David Coogan, *The Old Testament: A Historical and Literary Introduction to the Hebrew Scriptures* (New York: Oxford University Press, 2006).

- 빛/선의 세력과 어둠/악의 세력이 예리하게 대조된다.
- 현재에 관한 비관주의; 앞으로는 승리가 임하고 하나님이 우주를 변화시키실 것이라는, 미래에 관한 낙관주의(요한계시록 21:1과 비교해 보라)
- 종종 다른 고대 근동의 전통을 연상시키는 신화와 혼돈, 전쟁의 이미지들이 사용된다. 하나님은 참된 승리자로서 영원한 승리를 거두신다.
- 초현실적이며 초월-현실적인[34] 이미지들이 사용된다.[35]

여기서 다니엘서의 네 가지 기이한 환상을 살피면서, 우리는 이 모든 특징을 발견하게 될 것이다.

주권자 하나님께 속한 비밀을 들여다보기

다니엘서의 본문을 살피는 동안에 세 가지 '세계'를 상상하고 각 세계가 해석에 어떤 영향을 끼치는지를 파악한다면, 다니엘서의 내용을 우리 자신의 삶에 연관 짓기가 좀 더 수월해질 것이

---

34 역주: 이 단어는 원문의 'metarealistic'을 옮긴 것이다. 이 용어는 Hillel Barzel, *Metarealistic Hebrew Prose* (Massada Ltd, 1974)에서 처음 사용된 것으로, '무한한 신과 유한한 인간이 서로 대면하는 초월적이면서도 현실적인 세계에 속한'을 의미하는 듯하다.

35 D. A. Neal, "Apocalyptic Literature, Introduction to," in *The Lexham Bible Dictionary*, ed. John D. Barry et al. (Bellingham, WA: Lexham Press, 2016); Coogan, *The Old Testament*, 436.

다.³⁶ 이 세 가지 세계는 다음과 같다.

1. 본문 뒤에 있는 세계
2. 본문의/본문 속의 세계
3. 본문 앞에 놓인 세계

다니엘서 본문의 **뒤에 있는** 세계에서 우리는 유대 민족이 바벨론에 포로로 끌려갔던 주전 6세기의 역사적, 문화적, 사상적 배경에 관련된 문제들에 초점을 맞춘다. 또한 본문**의**/본문 **속의** 세계는 곧 다니엘서 본문의 문학적인 차원을 가리킨다. 그리고 본문 **앞에 놓인** 세계는 이 성경 해석의 세 지평 가운데서 가장 독자 지향적인 성격을 지닌다. 독자 지향적인 접근법들은 본문 해석에서 독자가 수행하는 역할의 중요성에 초점을 두며, 각 독자들에게 자신만의 개성을 지니고 의미의 형성 과정에 참여하도록 격려하고 힘을 부여한다. 종종 언급되듯이, 한 본문의 의미는 그 본문과 독자가 만나는 지점에서 형성된다.

---

36 랜돌프 테이트(W. Randolph Tate)는 이 세 가지 세계의 접근법을 성경 해석 분야에 도입하고 널리 알린 최초의 학자들 중 한 사람이다. Tate, *Biblical Interpretation: An Integrated Approach*, 3rd ed. (Peabody, MA: Hendrickson, 2008), 1-10을 보라. 또한 Corrine L. Carvalho, *Primer on Biblical Methods* (Winona, MN: Anselm Academic, 2009)도 살펴보라.

우리는 다니엘서의 네 환상을 살피는 동안 이 '세 가지 세계'의 접근 방식을 늘 염두에 두면서 그 세계들 속을 헤쳐 나갈 것이다. 그리고 본문에 경험적인 방식으로 접근하고, 이를 통해 얻은 독서의 경험을 받아들이는 것 역시 유익하다. 이는 특히 묵시적인 부분(7-12장)을 읽어 갈 때 더 그렇다. 여기서 우리는 7장과 10장에서 하나님을 "옛적부터 항상 계신 이", "지극히 높으신 이", 그리고 '빛나는 분'으로 묘사한 다니엘의 서술에 깊이 몰입할 것이며, 그의 환상들에서 드러나는 하나님의 능력과 주권에 이끌리게 될 것이다.

7장: 네 짐승과 "인자(人子)"

다니엘이 받은 첫 번째 환상은 벨사살의 통치 첫 해에 임했다(1절; 아마도 주전 553년경). 이 구체적인 역사적 배경은 그가 본 기이한 환상 속에 나타난 천상의 영역을 이 땅과 연결시켜 준다. 이 환상에서 다니엘은 네 마리의 끔찍하고 강력한 짐승이 바다에서 올라오는 모습을 목격한다. 그 짐승들은 각각 사자, 곰, 표범, 열 뿔 달린 불가사의한 짐승이었다. 그 네 짐승 모두 범상치 않은 모습을 하고 있었으므로, 그것은 몹시 두려운 장면이었다. 사자에게는 독수리의 날개가 달려 있었으며, 그 짐승은 사람처럼 두 발로 설 수 있을 뿐 아니라 사람의 마음을 지니고 있었다(NIV "mind of a human"; 4절). 곰은 그 이빨 사이에 갈비뼈 세 개를 물었으며(5절),

표범에게는 머리 네 개와 날개 네 개가 달려 있었다(6절). 그리고 넷째 짐승은 앞선 짐승들과는 뚜렷이 다른 모습이었으며, 가장 끔찍하고 파괴적인 형상을 지니고 있었다. 쇠로 된 이빨과 열 뿔을 지닌 그 짐승은 희생자들을 으깨어 삼켰으며, 남은 자들은 누구든지 발로 짓밟아 버렸다. 그리고 첫 열 뿔 중 세 개가 뽑힌 뒤에 다른 작은 뿔이 솟아났다. 이 작은 뿔에는 사람의 눈과 자만에 찬 어조로 말하는 입이 붙어 있었다(7-8절).

다니엘이 그 작은 뿔이 솟아나는 것을 두려운 마음으로 지켜보는 동안, 옛적부터 항상 계신 이의 환상이 그에게 주어졌다. 여기서 이 옛적부터 항상 계신 이는 순결("그의 옷은 희기가 눈 같고 그의 머리털은 깨끗한 양의 털 같고"[9절상])과 엄위("그의 보좌는 불꽃이요 그의 바퀴는 타오르는 불이며"[9절하]; "불이 강처럼 흘러 그의 앞에서 나오며"[10절상]), 그리고 왕권("그를 섬기는 자는 천천이요 그 앞에서 모셔 선 자는 만만이며"[10절중])의 상징들을 통해 묘사된다. 그리고 10절 하반부에서는 이 옛적부터 항상 계신 이가 순결하고 엄위하신 왕이자 재판장으로 법정에 서신 모습을 생생히 묘사한다. "심판을 베푸는데 책들이 펴 놓였더라"(10절하). 다니엘이 지켜보는 가운데, 작은 뿔이 달린 그 짐승은 죽임을 당하고 나머지 세 짐승은 권세를 빼앗겼다(11-12절). 11-12절에 자세히 묘사된 이 결말은 하늘의 법정에서 내린 판결의 직접적인 결과이다. "심판을 베푸는데 책들이 펴 놓였더라"(10절하); "그 남은 짐승들은 그의 권세를 빼앗겼으나 그 생명은 **보존되어** 정한 시기가 이르기를 기다리게 되었더라"(12절).

이 판결이 내려진 후 곧바로 13-14절의 환상이 이어지는 데에는 중요한 의미가 있다. 다니엘은 "인자 같은 이"[37]가 "하늘 구름을" 타고 오는 모습을 보게 된다(13절). 그 인자 같은 이는 옛적부터 항상 계신 이에게 나아가 권세와 영광과 주권을 받으며, 모든 백성과 나라, 각 언어로 말하는 모든 이들이 그분에게 경배하게 된다(이는 3장에서 느부갓네살이 칙령을 내린 때와 뚜렷한 대조를 이룬다). 이 두 번째로 등장한 천상의 인물은 모든 능력과 권세를 부여받고 모든 백성에게 경배의 대상이 되는 최고 권력자인 왕의 모습에 잘 들어맞는다. 그는 네 짐승으로 표상되는 모든 파괴적인 능력과 권세를 파멸시킨다. 그는 영원한 권세를 지닌 참된 주권자이며, 그의 나라는 결코 멸망하지 않는다(14절).

---

37 이때 신약에서 '인자'가 갖는 함의를 이 구절의 의미에 포함시켜 이해할 필요는 없다. 다만 복음서의 저자들(사도행전 7:56도 살펴보라)과 요한계시록의 저자(계 1:13; 14:14)는 다니엘이 사용한 이 어구를 취하여 예수 그리스도께 적용하고 있음이 분명하다. 이는 그분이 사람이자 하나님으로서 이중의 본성을 지니고 계심을 표현하기 위함이었다. 따라서 그분은 하나님의 보좌 앞에 나아갈 수 있었으며, 하나님이 주시는 위엄과 권세와 영광을 받으실 뿐 아니라 다양한 배경을 지닌 제자들이 그분을 따르게 되었다. 다니엘 7:13의 히브리어 본문을 문자적으로 해석하면, '사람처럼 보이는 이' 또는 '사람을 닮은 형상'을 뜻한다(민 23:19; 겔 2-3장과 비교해 보라). Goldingay, *Daniel*, 168-72을 보라.

3장 : 이 땅에서 천상의 영역으로

다니엘이 이 이중의 환상이 지닌 의미를 물어보자 그 환상에 대한 해석이 주어진다(16절). 그가 목격한 천상적 존재 중 하나가 그 환상에 담긴 세 요소를 설명해 준다.

- **네 짐승**(7:17)은 각기 자신의 때에 힘을 얻어 차례로 일어나게 될 네 제국을 상징한다.
- **넷째 짐승**(7:23)은 이 네 제국 가운데서 가장 파괴적인 힘을 지닌 국가를 나타낸다(24-25절).
- **열 뿔**(7:24)은 넷째 제국의 통치 과정에서 일어나게 될 열 명의 왕을 가리킨다. 결국에는 한 강력한 왕이 일어나서 다른 이들을 굴복시킬 것이다. 25절은 그가 행하게 될 파괴적인 일들의 범위와 성격을 자세히 설명한다. "그가 장차 지극히 높으신 이를 말로 대적하며 또 지극히 높으신 이의 성도를 괴롭게 할 것이며 그가 또 때와 법을 고치고자 할 것이며 성도들은 그의 손에 붙인 바 되어 **한 때와 두 때와 반 때**를 지내리라"(25절).[38]

우리는 이 천상적 존재의 설명에 근거하여, 이중의 꿈으로 주어진 이 환상을 해석할 좋은 방향을 찾을 수 있다. 본문의 뒤에 있는 세계에 초점을 맞출 때, 우리는 다니엘과 원래의 청중이 여전

---

38 나는 이 장의 끝부분에서 묵시적인 시간표들(기간과 숫자, 날짜 수)의 적절한 해석법을 소개하려 한다.

히 바벨론 제국에 포로로 잡혀 있음을 보게 된다(1절). 그 왕들과 제국들이 일어나리라는 예언은 아직 성취되지 않았으며, 그 사건들의 충분한 영향은 아직 역사의 무대 위에 드러나지 않은 상태이다. 이 네 짐승의 역사적인 정체성을 밝히는 일은 다니엘서의 해석 역사에서 열띤 논쟁의 대상이 되어 왔다.

한 예로, 넷째 짐승이 (바사 이후에 일어난) 그리스 제국을 상징하는가, 또는 (그리스 이후에 일어난) 로마 제국을 상징하는가 하는 문제는 중요한 토론 주제이다. 그 짐승을 그리스 제국으로 해석하는 주석가들은 대개 그 절정에 놓인 작은 뿔을 안티오쿠스 4세 에피파네스(Antiochus IV Epiphanes)로 간주한다. 그는 주전 2세기 중반에 유대 민족을 적극적으로 압제했던 왕으로, 성전을 더럽히고 유대의 관습과 할례를 금지했다. 그의 이런 통치로 인해 마카비 반란(the Maccabean Revolt)이 일어났으며, 이후에는 하스모니안 왕조 아래서 한 세기에 걸쳐 유대 지방에서 절반쯤 자율적인 통치가 시행되었다.[39]

본문 속의 세계를 살펴볼 때, 16-27절의 핵심 내용은 이러하다.

---

39 넷째 짐승을 그리스 제국으로, 그 절정에 놓인 뿔(21절)을 안티오쿠스 4세로 간주하는 일에 관한 논의로는 Goldingay, *Daniel*, 179-82; Longman, *Daniel*, 188-91을 보라. 그리고 안티오쿠스 4세 에피파네스에 관해 더 알려면, H. Daniel Zacharias, "Antiochus IV Epiphanes," in *The Lexham Bible Dictionary*, ed. John D. Barry et al. (Bellingham, WA: Lexham Press, 2016)을 보라.

(1) 그 짐승들과 지극히 높으신 이의 성도들[40] 사이에 지상적인 전쟁인 동시에 우주적인 전쟁이 벌어지며, 지극히 높으신 하나님이자 옛적부터 항상 계신 이가 그 성도들의 편에 서서 싸우신다(21, 22절). (2) 이 단락의 초점은 넷째 짐승과 그 작은 뿔이 벌이는 파괴적인 일들(17, 19, 20-21, 23-25절)과 그 일들의 결과(21, 25-26절)에 놓인다. (3) 18절에서는 지극히 높으신 이의 성도들이 최종 승리를 얻을 것이 예언되며, 이는 그 작은 뿔이 성도들과 맞서 싸우고 그들을 패배시키는 모습(21절)을 다니엘이 아직 보기 전이다. 더 나아가 지극히 높으신 이의 성도들을 위해 옛적부터 항상 계신 이가 내리는 판결은 넷째 제국에서 일어난 왕(작은 뿔)이 행하는 억압이 완전히 드러나기 전에 선포되고 있다(22절). 따라서 이런 사건의 흐름은 원래의 청중과 정서적으로 몰입된 오늘날의 독자들 모두에게 긴장감을 불러일으킨다. 이는 이 구절들에서 그 성도들이 장차 임할 파멸에서 보호받을 것임이 약속되고 있기 때문이다. (4) 26-27절에서는 하늘 법정에서 내리는 최종 판결이 자세히 언급된다. "그는 권세를 빼앗기고 완전히 멸망할 것이요 나라와 권세와 온 천하 나라들의 위세가 지극히 높으신 이의 거룩한 백성에게 붙인 바 되리니 그의 나라는 영원한 나라이라 모든 권세

---

[40] 이 성도들은 천사들을 의미하는 것일 수도 있다(Longman, *Daniel*, 188을 보라).

있는 자들이 다 그를 섬기며 복종하리라." 이 얼마나 영광스럽고 최종적인 승리인가!

전쟁과 갈등, 불의와 고난이 존재하며 강대국들이 약하고 궁핍한 이들을 억압하는 현재의 상황에서 다니엘서를 읽고 그 세계와 대화를 나누는 가운데서, 우리는 다니엘이 그랬듯이 지상의 권세들이 인간에게 미치는 악영향을 지켜보고 이를 겪으면서 근심과 번민에 빠지게 된다(15절). 그리고 때로 우리는 이를 통해 느낀 점을 정리할 시간이 필요하기에 그 일들을 마음속에 조용히 간직하게 된다(28절). 아마도 16-27절에서 심판의 약속과 선포가 그 환상의 해석과 뒤얽혀 있는 이유는 바로 이 점 때문일 것이다. 비극적인 사건들이 계속 펼쳐지는 가운데서, 이는 하나님이 자신의 백성을 위해 최종 승리를 가져다주시리라는 것을 우리에게 거듭 일깨워 준다. 주권자이신 하나님이 여전히 모든 일을 주관하시며, 사람들이 고난받는 시기를 미리 정해 두신다. "한 때와 두 때와 반 때"(25절).

골딩게이가 언급하듯, 이 장은 당혹감으로 끝을 맺는다(28절). 이 맺음말은 그 환상의 핵심적인 세부 사항들에 관해 혼란에 빠진 우리를 격려해 주는 역할을 한다. 만일 우리가 스스로

> 비극적인 사건들이 계속 펼쳐지는 가운데서, 하나님은 자신의 백성을 위해 최종 승리를 가져다주시리라는 것을 우리에게 거듭 일깨워 주신다.

3장 : 이 땅에서 천상의 영역으로

이 환상을 명확히 파악하고 이해했다고 여긴다면, 이는 오히려 실제로는 우리가 그 환상을 오해하고 있음을 보여 주는 표시일 수 있다.[41]

8장: 숫양과 숫염소

다니엘이 본 숫양과 숫염소의 환상은 벨사살 왕의 통치 제3년에 주어졌다(8:1; 아마도 주전 551년경). 이때 그가 수사(Susa)에 있었던 것은 영적인 이동으로 이해될 수 있다(에스겔 8장과 비교해 보라). 본문 속의 세계에 초점을 맞출 때, 독자들은 이 상징적인 환상이 고대 세계에 널리 퍼져 있었던 점성술적인 표상으로 가득 차 있음을 알 수 있다. 곧 여기서 숫양과 숫염소는 별자리를 나타낸다.

이 환상의 전반적인 구조는 이러하다: (1) 이 환상이 주어진 상황과 배경(1-2절), (2) "보았다"(저자의 번역)로 시작되는 다니엘의 일인칭 서술(3-12절), (3) 천사들과의 대화(13-14절), (4) 해석자의 현현(15-17절), (5) 해석(19-25절), (6) 다니엘이 보인 반응에 관한 결론적 묘사(27절).

이 환상은 먼저 숫양의 힘과 사나움에 초점을 맞춘다. 그 짐승은 자신의 마음대로 행하고 강대해져 간다. 그리고 그다음에는 숫양과 숫염소의 격렬한 싸움이 무대의 중심에 놓이게 된다. 그

---

41 Goldingay, *Daniel*, 182.

힘센 숫양은 맹렬한 공격을 받으며, 두 뿔이 꺾이자 무력해진다 (7절). 그러고는 그 숫염소가 매우 강성해지지만, 그 힘이 절정에 달했을 때 그 짐승의 큰 뿔이 꺾이고 만다. 그 뿔이 꺾인 자리에는 눈에 띄는 네 뿔이 자라나며, 그 뿔들 가운데서 또 다른 뿔이 나와서 매우 강대하게 자라난다. 일련의 파괴적인 사건들은 그 뿔이 지닌 능력을 드러내며(10-12절), 파멸의 군주가 하나님의 성소를 대적하고 그분의 백성을 표적으로 삼는 모습을 보여 준다. 그 뿔은 어떤 제약도 받지 않고서 자신이 행하는 모든 일에 형통하게 된다(12절). 그러고는 두 천사("거룩한 이"들)가 "환상에 나타난바 … 일이 어느 때까지 이를꼬"라는 질문을 놓고 대화를 나누며(13절), 이 대화는 "**이천삼백 주야**까지니 그때에 성소가 정결하게 되리라"라는 답이 주어지면서 그 절정에 이른다(14절).

한편으로 이천삼백 번의 밤과 낮이라는 기간 속에는 (아마도 하루를 나타내는 단위일) '밤낮'이라는 정확하고 뚜렷한 계산법이 담겨 있다.[42] 하지만 다른 한편으로는 그 날짜 수를 언제부터 세기 시작

---

42 구약의 전통에 따르면, 일상의 삶은 스물네 시간의 주기를 토대로 삼아 진행되는 것이 아니었다. 사이먼 드브리스(Simon DeVries)가 언급했듯이, 이 독특한 시간 개념은 한 사람의 존재에 뚜렷한 의미와 특질을 부여해 주었다. 곧 구약에서 시간은 경험이 가득 담긴 의미 깊은 연속체로 인식되고 있다. Simon John DeVries, *Yesterday, Today and Tomorrow: Time and History in the Old Testament* (Grand Rapids: Eerdmans, 1975), 31을 보라. 또한 Barbara Leung Lai, "Making Sense of the Biblical Portrait: Toward an Interpretive Strategy for the 'Virtuous Wife' in Proverbs

할지에 관해 구체적인 기준점이 주어지지 않는다.[43] 이 '이천삼백 번의 밤과 낮'의 중요성은 그 어구의 정확성과 확실성뿐 아니라 하나님이 구원을 이루실 시기는 오직 그분 자신만이 아신다는 점에도 있다. 다니엘과 그의 첫 청중에게 이 기간이 계시되었을 때, 그들은 구체적으로 언제 그 구원이 임할지는 몰랐지만 그 구원이 보장되었다는 사실만은 확신했을 것이다.

그 환상을 이해하려는 다니엘의 시도는 가브리엘이라는 천사를 통해 응답된다(17절). 그 숫양과 숫염소의 정체를 밝히는 해석이 주어지기 전, 다니엘은 두려움에 빠져 얼굴을 땅에 대고 엎드린다. 그런 다음에 그는 그 상태 그대로 깊이 잠들고, 가브리엘이 그를 깨워 일으킨다. 그리고 가브리엘은 그 환상이 "정한 때 끝"에 관한 것임(17절하, 19절)과 "여러 날 후의 일"에 관한 것임(26절)을 두 차례에 걸쳐 알려 준다. 20-21절에서 가브리엘이 그 내용을 구체적으로 해석해 주었으므로, 벨사살 왕의 통치 아래 있던 원래의 청중까지도 숫양과 숫염소, 그 뿔들의 분명한 정체를 파악했을

31:10-31", *Teach Me Your Paths: Studies in Old Testament Theology and Literature*, ed. John Kessler and Jeffrey P. Greenman (Toronto: Clements, 2001), 77-78에 실린 히브리인들의 시간 개념에 관한 논의도 살펴보라.

43 '묵시 문학에 나타난 숫자들'과 '묵시적인 요소의 그릇된 사용'에 관한 Longman, *Daniel*, 210-15의 논의를 보라. 여기서 나는 마지막 환상(단 10-12장)에 관해 논의하고 난 뒤, 묵시적인 시간표들에 관한 맥락 중심의 해석법을 제안할 것이다.

것이다. 8:20-21은 두 뿔 달린 숫양이 메대와 바사의 왕들을 상징하며, 숫염소는 그리스의 왕들을, 그리고 그 눈 사이의 큰 뿔은 그 나라의 창시자인 알렉산더 대왕을 나타낸다는 것을 알려 주고 있다. 그리고 그 큰 뿔 대신에 난 네 뿔은 주전 323년에 알렉산더가 죽자 그 뒤를 이은 장군들로, 알렉산더 왕보다 세력이 약했던 그들은 그 제국을 네 부분으로 나누어 차지했다.[44]

많은 학자들은 "반역자들이 가득할 즈음에" 일어난 "뻔뻔하며 속임수에 능[한]" 왕(23-25절)을 안티오쿠스 4세로 간주해 왔고, 다니엘서 7장의 작은 뿔 역시 그를 의미하는 것일 수 있다.[45] 그의 악한 행실과 무자비한 파괴는 7:8, 11의 묘사에 들어맞지만, 이 점에 관해 8장에서 구체적인 해석이 제시되지는 않는다.

그러나 이 본문에서는 이 환상이 성취되기까지 정해진 기간이 있다는 점(8:14)과 그 환상의 성취는 "정한 때 끝"(17절하)과 "여러 날 후의 일"(26절)에 관련되어 있다는 점, 그리고 그 사악하며 속임수에 능한 왕은 **사람의 힘을 빌리지 않고** 파멸을 맞게 되리라는 점(25절하)을 확언하며, 이 모든 점은 그 환상이 정해진 때에 분명

---

44 통치의 편의를 위해, 이들은 그런 식으로 제국을 분할했다. John Collins, *Daniel: with an Introduction to Apocalyptic Literature*, Forms of Old Testament Literature (Grand Rapids: Eerdmans, 1984), 87-88; 그리고 Joyce G. Baldwin, *Daniel* (Leicester: IVP, 1978), 158-62을 보라.
45 각주 39번을 보라.

히 이루어질 것임을 나타낸다.

다니엘의 경험에 비추어 우리가 우리 자신의 세계를 돌아보고자 할 때, 우리는 다니엘이 보고 들은 그 환상의 의미를 온전히 이해하려 했지만(3, 5, 13, 15, 16절) 결국 두려움에 빠져 땅에 엎드리고 말았던 것(17절)에 주목하게 된다. 그의 요약적인 언급에서(27절), 다니엘은 그 환상을 체험한 후 자신이 극도로 지쳐서 여러 날 앓아누웠음을 밝힌다. 그뿐만 아니라 그는 그 환상 때문에 자신이 당혹감에 빠졌음을 인정하고 있다. 이는 그 환상이 그의 이해력을 넘어서는 것이었기 때문이다.

다니엘의 환상 체험에 몰입하여 그 의미를 헤아리는 과정에서, 우리는 (숫양과 숫염소처럼) 점성술적인 표상들의 정체성을 그 이해의 핵심 요소로 여기지 않도록 주의해야 한다. 그보다도 8장은 우리에게 다음의 일들을 보증해 준다. (1) 성소는 이천삼백 번의 밤낮이 지난 후 다시 성별될 것이다(14절). (2) 그 환상의 세부 내용은 모두 참되다(26절). (3) 그 악한 세력들은 주권자이신 하나님의 능력으로 파멸당할 것이다(25절하). 다니엘은 이런 보증의 말씀에 힘입어, 그 환상이 자기에게 가져다준 정서적 충격을 떨치고 일어나서 다시 벨사살 왕의 일들을 감당할 수 있었다(27절상).

9장: 다니엘의 죄 고백 기도와 예레미야의 예언

다니엘서에 담긴 미래에 관한 상징적인 표상은 8장에서 끝이 난다. 그리고 9장은 앞선 장들과 마찬가지로, 구체적인 역사적 정황을 언급하면서 시작된다. 당시는 메대 족속 다리오의 통치 첫해였다(1절; 주전 539년; 5:30-31과 비교해 보라). 2절에서 자신이 처한 상황을 헤아리려 했던 다니엘은 바벨론의 포로 생활이 칠십 년 동안 지속될 것이라고 선포했던 예레미야의 예언(렘 25:8-14)에 귀를 기울이게 된다. 그리고 그는 "금식하며 베옷을 입고 재를 덮어쓰고 주 하나님께 기도하며 간구하[면서]" 일반적인 회개의 의식을 치렀다(3절).

그리고 본문의 내용은 구약에 기록된 탁월한 회개 기도 가운데 하나로 이어진다(3-19절; 느헤미야 9:5-37과 에스라 9:6-15과도 비교해 보라). 처음에 우리는 이 기도가 이 책의 묵시적인 부분에 포함된 것을 이상하게 여길 수 있다. 하지만 이 기도는 한편으로는 1-6장에 기록된 이방 왕들의 꿈과 다니엘의 해석, 또 7-8장에 기록된 그 자신의 환상과 다른 한편으로는 10-12장에서 이어지는 환상들 사이에서 전환점의 역할을 한다. 곧 이 땅에서 벌어지는 투쟁과 영적인 세력들이 경합하는 우주적인 싸움 사이의 전환점을 이루는 것이다. 이 기도는 이 모든 일의 배후에 주권자이신 하나님이 계심을 강조한다.

본문 속의 세계에 초점을 맞추면서, 독자들은 죄를 고백하는 다니엘의 기도 속에 이스라엘의 하나님에 관한 풍성한 묘사가 담겨 있음을 보게 된다. 이스라엘 역사 속에서 일해 오신 하나님의 강한 손길(15절), 곧 그 백성을 애굽에서의 노예살이에서 건져 내시고, 심판하시고, 포로로 끌려가게 하신 일들을 서술하면서, 다니엘은 이스라엘 백성이 경험해 온 하나님의 모습을 자세히 묘사한다. 본질적으로 이 고백의 기도는 다니엘이 목도한 하나님의 주권과 포로로 끌려온 그의 역사적 상황, 그리고 마지막 환상에서 예기되는 그 주권의 지속적인 나타남(10-12장) 사이를 전략적으로 연결지어 준다.

하나님은 "크시고 두려워할 하나님", "언약의 주님"으로 지칭된다(4절, 저자의 번역). 이 기도에서는 이스라엘의 역사와 아울러 유다의 반역, 그리고 돌이키기를 거부한 그들의 모습이 부각된다(4-14절). 옛적부터 항상 계신 이가 주관해서 유다 백성과 맺은 언약을 확인해 주신다는 7장의 법정 장면에서 묘사된 것처럼, 하나님은 정의롭고 의로우신 분이다. 따라서 그 백성이 바벨론에 포로로 끌려간 것은 그들의 완고함에 대해 하나님이 내리신 최종적이고 공정한 징벌이었던 것이다. 다니엘은 이스라엘 백성의 출애굽 체험을 묘사하면서 하나님의 강한 손길을 계속 언급하며, 그 백성이 홍해의 마른 바닥을 걸어 지나가게끔 이끄신 구속자로(출 14:16,

22, 29), 또 그들과 친히 언약을 맺으신 주님으로(출 19-20장) 하나님을 묘사한다.

이 기도의 가장 인상적인 특징은 19절에 담긴 네 개의 명령문에서 나타난다. "주여 **들으소서** 주여 **용서하소서** 주여 귀를 **기울이시고 행하소서**." 이 호소에는 두 가지의 주된 목적이 있다. (1) 하나님의 크신 자비를 구하는 일과 (2) 황폐해진 성소와 도성, 유다 백성이 다시금 하나님의 이름으로 불리게 되는 일이 그것이다. 다니엘이 이처럼 하나님께서 친히 일하시기를 애통하는 마음으로 급박히 호소한 일("얼굴 빛을 … 비추시옵소서 … 귀를 기울여 들으시며 눈을 떠서 … 보옵소서"[17-18절])은 20-27절에서 일흔 '이레'에 관한 계시가 가브리엘을 통해 곧바로 주어진 일과 잘 맞아떨어진다.

또한 주목할 것은 여기서 처음으로 다니엘이 먼저 구함으로써 일흔 '이레'의 환상이 계시되었다는 점이다. 20-21절에는 "…하는 동안에"(while)라는 표현이 두 번 쓰였으며[46], 이는 다니엘의 회개 기도에 대해 곧바로 하늘의 응답이 주어졌음을 나타낸다("명령이 내렸으므로"[23절]). 일흔 '이레'의 환상은 천사장 가브리엘을 통해 주시는 이해와 통찰력에 의거해서 해석해야만 하는 것이었다. 가브리엘은 예레미야의 예언(렘 25:8-14)에 담긴 칠십 년을 일흔

---

46 역주: NIV의 20-21절 본문에는 "간구할 때"와 "기도할 때"가 "while…"(…하는 동안에)로 표현되어 있다.

'이레'로 재해석하고 있다. 하지만 7장에 언급된 이천삼백 번의 밤낮과 마찬가지로, 우리는 그 기간이 정확히 어떤 시기에 상응하는지를 알 방법이 없다.

본문의 세계에서 독자들은 이 하늘의 비밀을 미래의 어떤 역사적 사건들과 연결 지으려 하지 않고서도, 가브리엘의 재해석을 통해 장차 일어날 여섯 가지 사건이 개략적으로 제시되고 있음을 볼 수 있다[47]: (1) 허물이 그침, (2) 죄가 끝남,[48] (3) 사악한 죄악이 용서됨, (4) 영원한 의가 드러남, (5) 환상과 예언이 응함, (6) 지성소에 기름이 부어짐(24절). 롱맨이 지적했듯이, 이 개략적인 사건들의 흐름은 분명히 다니엘의 호소에 대한 응답처럼 보인다.[49] 하지만 다니엘과 그 시기의 유대인들은 오직 자신들이 포로로 끌려온 그 불완전한 세계만 알 수 있었을 뿐이다. 악이 소멸되고 영원한 의가 확립되는 일은 이상적인 세계에 속한 것으로, 오직 먼 미래에 가서야 이루어지게 될 일이었다.

나아가 가브리엘은 장차 임할 시대를 두 부분으로 나누었다. (1) 예루살렘이 회복되고 중건되는 일과 기름 부음을 받은 자(통치자)가 임하는 일은 첫 일곱 번의 '이레' 동안에 이루어지며, 그 이

---

47 여기서 나는 Longman, *Daniel*, 226에 제시된 것과 같은 개요를 따랐다.
48 히브리어 본문에는 (1)과 (2) 사이에 접속사 와우가 쓰였으며, 이는 이 둘 사이에 전자에서 후자로 나아가는 진행 과정이 있음을 암시할 수 있다.
49 Longman, *Daniel*, 225-228.

후에는 예순두 번의 '이레'가 이어지게 된다(26절). (2) 마지막 '이레'(또는 '일흔 번째 이레')는 파괴의 기간으로, 이때에는 기름 부음 받은 자가 죽고 끊임없는 전쟁이 벌어지며 한 통치자가 파괴적인 행위들을 일삼게 된다. 그리고 그의 이런 행위들 가운데는 예루살렘 도성과 성소를 무너뜨리는 일이 포함된다. 이 마지막 '이레'의 끝 무렵에 한 이름 모를 통치자가 그 성전과 예배를 황폐한 것으로 만들어 버릴 것이다(27절).

이 일흔 '이레'의 의미에 관해 많은 논란이 벌어져 온 것은 놀랄 일이 아니다. 이 어구가 역사적으로 어떤 시기를 가리키는지를 확정하기는 쉽지 않다. 조이스 볼드윈(Joyce Baldwin)의 지적에 따르면 다니엘이 기도하고 환상을 본 시기는 아직 그 포로 생활이 끝나지 않은 때였다. 그러나 9장의 본문은 주권자이신 하나님께서 그분의 백성이 겪는 모든 위기 가운데 함께하실 것임을 독자들에게 확인시키고 있다. 따라서 "그 숫자들은 그저 글쓴이의 사유에 입혀진 '옷'일 뿐이며, 여기서는 그다지 중요하지 않다."[50] 우리는 다니엘이 본 환상의 의미를 어느 정도까지는 헤아릴 수 있지만 완전히 파악할 수는 없다. 하지만 분명한 점은 그 고난이 끝날 시기가 이미 정해져 있다는 것이다. 그 환상이 실현되는 것은 다만 시간문제일 뿐이다("네 백성과 …을 위하여 일흔 이레를 기한으로 **정하였나**

---

50 Baldwin, *Daniel*, 173.

니"[9:24]; "이미 **정한** 종말까지 …하는 자에게 쏟아지리라"[9:27]).

다니엘의 기도에서 길게 이어지는 역사적인 서술은 이 환상의 의미를 밝히는 데 도움을 준다. 강한 손과 편 팔로 이스라엘 백성을 이끄셔서 기적적으로 홍해의 마른 바닥을 건너게 하신 구속자 하나님(15절), 자신이 택하신 백성을 신실한 손길로 끈기 있게 인도하신 언약의 하나님(4-14절)이 바로 자신의 주권으로 모든 일이 일어날 시기와 사건들을 정해 두신 그분인 것이다.

10-12장: 하늘에서 보낸 천사와 거대한 전쟁

본문의 서술자에 따르면, 이 마지막 환상은 다니엘이 본 것 가운데 가장 두려운 것이었다. 본문의 세계를 살필 때, 독자들은 이 본문에서 아래의 일곱 가지 특징을 찾아볼 수 있다.

1. 이 환상을 통해 주어진 메시지는 참되다(10:1중).
2. 이 환상은 얼마간 우주적인 성격을 지닌 거대한 전쟁에 관한 것이다(10:1중; 11장).
3. 이 환상은 그것을 받는 이가 이해하도록 의도되어 있다 (10:1하, 12; 12:4, 5, 8).
4. 이 환상은 실제적인 종말의 때에 관한 것이며, 그 안에는 구체적인 기간이 포함되어 있을 수 있다(10:14; 11:27하, 29, 35, 36하, 40; 12:4, 7하, 12, 13).

5. 이 환상은 하나님의 백성이 처하게 될 미래에 관한 것이다 (10:4, 14; 12:1).
6. 이 환상은 현 세대의 끝, 곧 인간의 역사 너머에서 일어날 사건들을 계시한다(12:4-13).
7. 가장 중요한 점으로, 이 환상은 한 권세가 악한 세력들을 누르고 **확실히** 승리하게 될 것임을 계시한다.

본문에서 이 마지막 특징이 나타남을 보여 주는 일련의 구절들을 살펴보자. "이는 그 나라가 뽑혀서 그 외의 다른 사람들에게로 돌아갈 것임이라"(11:4); "그 공주와 … 그때에 도와주던 자가 다 **버림을 당하리라**"(11:6); "[남방 왕이] … **그 세력은 더하지 못할 것이요**"(11:12); "네 백성 중에서도 포악한 자가 스스로 높아져서 … 할 것이나 그들이 도리어 **걸려 넘어지리라**"(11:14); "**거쳐 넘어지고 다시는 보이지 아니하리라**"(11:19); "계략을 세워 얼마 동안 산성들을 칠 것인데 **때가 이르기까지 그리하리라**"(11:24하)[51]; "이 두 왕이 … 한 밥상에 앉았을 때에 거짓말을 할 것이라 **일이 형통하지 못하리니 이는 아직 때가 이르지 아니하였으므로** 그 일이 이루어지지 아니할 것임이니라"(11:27)[52]; "오직 자기의 하나님을 아는

---

51 역주: 저자가 인용한 NIV 본문에는 이 구절의 "때가 이르기까지 그리하리라"가 "but only for a time", 곧 '그저 한동안만 그리하리라'로 표현되어 있다.
52 역주: 이 구절 역시 NIV 본문에는 "아직 때가 이르지 아니하였으므로 그

백성은 **강하여 용맹을 떨치리라**"(11:32); "또 그들 중 지혜로운 자 몇 사람이 몰락하여 무리 중에서 연단을 받아 정결하게 되며 희게 되어 마지막 때까지 이르게 하리니 이는 아직 **정한 기한이** 남았음이라"(11:35); "그 왕은 … 형통하기를 **분노하심이 그칠 때**까지 하리니 이는 그 작정된 일을 **반드시 이룰** 것임이라"(11:36); "그가 장막 궁전을 … 세울 것이나 그의 **종말이 이르리니** 도와줄 자가 없으리라"(11:45).

본문에 서술된 사건들을 분석하고 그 일들이 남방 왕과 북방 왕의 행동들에 각각 어떻게 상응하는지를 자세히 살피는 일은 모든 해석자에게 도전을 제기한다.[53] 그렇다면 이 마지막 환상에 담긴 메시지는 무엇일까?

이에 관해, 본문에 연관된 세 종류의 세계를 살펴보는 일은 좋은 출발점이 된다. 먼저 본문 뒤의 세계를 살필 때, 이 환상은 바사 왕 고레스의 통치기 제3년(주전 536년)에 다니엘에게 주어졌다. 이 점에 관해 우리는 6:28의 "다니엘이 다리오 왕의 시대와 바사 사람 고레스 왕의 시대에 형통하였더라"와 11:1의 "내가 또 메대 사

일이 이루어지지 아니할 것임이니라"가 "because an end will still come at the appointed time", 곧 '정한 때가 되어야 그 결말이 임할 것이기 때문임이니라'로 표현되어 있다.

53 11장의 환상들을 그 일들이 실제로 일어난 뒤에 기록된 것으로 간주하지 않는 한 그러하다. 이에 관해, Goldingay, *Daniel*, 282-83에 제시된 견해와 비교해 보라.

람 다리오 원년에 일어나 그를 도와서 그를 강하게 한 일이 있었느니라"라는 언급을 참조할 수 있다. 만일 다니엘이 본 환상이 주전 6세기에 주어진 것이라면, 11:1 이하의 모든 내용은 앞일을 내다보는 예언으로 간주될 수 있다. 한 능력 있는 왕에 관한 11:3, 4의 묘사를 두고 생각할 때, 미래의 그리스 제국과 그때 일어날 강한 지배자에 관한 언급은 그 제국의 건설자인 알렉산더 대왕과 연관 지을 수 있다. 그리고 남방 왕국과 북방 왕국 사이에는 큰 전쟁이 벌어지게 된다(11:5-20). 한편 11:21-45에서 묘사된 비열한 인물은 보통 주전 2세기에 활동했던 안티오쿠스 4세 에피파네스로 여겨진다. 그리고 11:5 이후로 이 마지막 환상은 가까운 미래에 이루어질 이 땅의 역사적인 사건들(예를 들어 11:3-4)을 벗어나, 먼 미래에 거대한 전쟁을 통해 이루어질 최종적인 완성으로 나아가게 된다. 이 완성은 주권자이신 하나님의 능력과 결정을 통해 임하게 되며, 그분의 개입은 천상적인 동시에 우주적인 성격을 지닌다.

그다음으로 본문의/본문 속의 세계를 해석할 때, 10:1은 10:2부터 12:13까지 진행되는 사건들의 흐름을 파악할 틀을 제공해 준다. 곧 그 메시지는 참된 것으로서 거대한 전쟁에 관련되어 있으며(10:1중), 천상적인 메시지를 이해할 수 있도록 그 환상이 주어졌다는 것이다. 도입부의 서술(10:1-2) 이후, 10:1부터 11:1까지의 내용 대부분은 다니엘이 그 거대한 전쟁의 환상을 보고 나타낸 반응에 관한 것이다. 이 환상 기록은 그가 일인칭으로 서술한 기록 가운데서 가장 강렬하고 정교하며, 이 환상을 본 이후에 다니엘은 삼 주에 걸쳐 애곡하게 된다(10:2). 이 환상 이야기는 다니엘이 한 빛나는 사람을 보게 되는 것으로 시작된다(10:4-6). 그 사람은 매우 비범한 존재로서, 앞선 환상들에서 나타난 거룩한 이나 하나님에 관한 어떤 묘사와도 다른 방식으로 표현되고 있다(7:9-10과 비교해 보라). 그의 겉모습은 고귀하고 빛나는 인물로서 세마포 옷을 입고 순금 띠를 둘렀으며 많은 이들이 함께 내는 듯한 목소리로 말하는 사람이라는 인상을 준다(7:9-10과 비교해 보라). 에스겔 1:26-28과 요한계시록 1:12-16도 하나님의 영광을 이와 비슷하게 묘사하고 있지만, 아마도 다니엘서의 이 묘사가 가장 큰 경외감을 불러일으키는 것으로 보인다.

이에 다니엘은 온몸의 힘이 빠질 정도로 두려움과 공포의 반응을 보였다(10:7-9). 그는 이 다층적인 환상이 자신의 몸과 마음에 미친 심한 충격을 독자들에게 전하면서 이 환상을 회고하기 시작한다(10:2-11, 15-17). 그런 다음 다니엘은 다시 힘을 얻고 강건해진다(10:12-19). 다니엘이 공포에 사로잡혀 있을 때, 세마포 옷을 입은 그 영광스러운 이와의 대화가 시작된다(10:11-15). 그다음에 찾아온 것은 사람처럼 보이는 인물이며, 그 역시 다니엘과 이야기를 나누고 힘을 북돋아 준다(10:16-19). 그리고 그 인물은 다니엘에게 세계적으로 벌어질 사건들을 알려 주며, 남방과 북방의 왕들이 거대한 전쟁 가운데서 일어나고 몰락하게 될 일들도 계시해 준다(10:20-11:45).

12장에서 천사장 미가엘은 하나님의 백성을 보호하는 큰 군주로 언급된다(12:1). 그리고 그 강가의 양편에 선 다른 두 존재를 묘사하는 추가적인 장면이 있다(12:5). 그리고 그중에 하나가 세마포 옷을 입고 강물 위에 서 있는 이에게 말을 건넨다(12:6-7). 이때 다니엘은 이런 내용을 듣고 대화에 참여하게 된다. "반드시 한 때 두 때 반 때를 지나서 성도의 권세가 다 깨지기까지이니 그렇게 되면 이 모든 일이 다 끝나리라"(12:7). 그리하여 강둑에 서 있던 이와 그 강물 위에 선 이(12:5-7) 사이에 있었던 첫째 대화(12:8-9)로부터 또 다른 대화가 이어진다.

이처럼 본문의/본문 속의 세계를 놓고 살펴볼 때, 이 본문에 여러 천상적인 존재와 목소리들이 등장하여 대화를 주고받거나 독백을 행한다는 점은 이 환상의 기록이 매우 정교한 구조를 지님을 예증한다. 이 점에 관해 10:1은 해석상의 연결고리를 제공하고 있다. "그 메시지에 관한 깨달음이 환상으로 그에게 임하니라."[54]

---

54 역주: 이 구절은 저자의 표현대로 "The understanding of the message came to him in a vision."라는 NIV 본문에서 인용했다. 개역개정판에는

이 환상이 진행되는 동안에 여러 존재들이 다니엘과의 대화를 통해 그 메시지의 의미를 전달해 주려고 시도하며(예를 들면 10:2-21; 12:5-9), 그것은 곧 거대한 전쟁에 관한 참된 메시지이다(10:1중). 이 환상의 의미는 다층적이며 매우 복잡하다. 따라서 앞선 3장의 경우에 그랬듯이, 본문은 이 환상의 설명과 수용에 연관된 여러 관점을 담아내기 위해 다면적인 접근 방식을 취하고 있다.[55]

> 하나님의 백성이 지금은 짓눌린 상태에 있지만, 장차 최종적인 구원과 온전한 의미의 새 생명을 경험하게 될 것이다(12:1-3).

끝으로 본문 앞의 세계를 살필 때, 독자들은 10-12장에 천상적인 투쟁의 환상이 담겨 있음을 보게 된다. 한편으로 인자 같은 이가 바사의 왕, 또 헬라의 왕과 벌이는 우주적인 충돌과 싸움은 인간의 제국들이 하나님의 백성을 압제하도록 부추기는 악한 영적 세력들이 있음을 나타낸다. 하나님과 그분의 힘센 천사들, 특히 강력한 영적 존재인 미가엘(11:1)은 그분의 백성을 위해 싸우고 영원한 승리를 얻어 낼 것이다. 하지만 그 일은 오직 먼 미래, 곧 하나님이 정해 두신 구원의 시기에만 실현될 수 있었다. 이 본문의 지배적인 메시지는 바로 하나님을 거역하고 그분의 백성

이 부분이 "다니엘이 그 일을 분명히 알았고 그 환상을 깨달으니라"로 번역되어 있다.

55 Leung Lai, *Through the "I"-Window*, 20-21를 보라.

을 억누르는 자들에게는 심판이 확실히 예비되어 있다는 것이다. 그리고 이와 똑같이 분명하게 전달되는 진리는 곧 현재 짓눌린 상태에 있는 하나님의 백성이 장차 최종적인 구원과 온전한 의미의 새 생명을 경험하게 되리라는 것이다(12:1-3). 11장에서 서술된 사건들의 흐름은 이 땅의 왕들에게 속한 나라와 권세, 그리고 다른 한편으로 모든 군주들의 주재자이신 분에게 속한 나라와 권세 사이에는 뚜렷한 대조가 있음을 드러내 준다(11:36-45).

오늘날의 독자들은 다니엘의 내면세계에 몰입하는 가운데서, 그의 시각으로 바라본 본문의 세계와 대화를 나누게 된다. 그는 이 마지막 환상을 보고 듣고 대화에 참여하면서 두려움에 빠져 몸의 힘을 잃지만, 또한 천사들에게 만짐을 받고 힘을 얻어 강건하게 된다. 그는 마지막 때에 일어날 연속적인 사건들이 자신의 이해 범위를 벗어나는 것임을 인정하면서도 여전히 그 일들을 이해하기 원하고, "어느 때까지[니이까]"라는 질문을 던진다(12:6; 이사야 6:11; 21:11; 시편 74:10; 82:2과 비교해 보라). 하지만 그는 "마지막 때까지 이 말을 간수하고 이 글을 봉함하라"(12:4, 9)라는 지시만을 듣게 된다. 다니엘은 끝까지 인내한 다른 이들과 함께 상과 유업을 받게 되지만(12:12), 또한 일상적인 삶의 책임을 계속 감당해 나가야 함을 깨닫는다(12:13). 그리고 우리는 다니엘의 두려운 환상 체험을 들여다보면서 다음의 질문을 깊이 생각해 보게 된다.

즉, 그 일이 얼마나 오래 지속될지 모른다 해도, 우리는 그저 끝까지 인내하면서 일상생활을 잘 꾸려 나가기만 하면 되는 것일까? 격정적이며 기이한 환상 체험이 이어진 후, 12:13에서는 고요하고 차분하지만 확신에 찬 소망이 주어진다. "하지만 너[존 형제/메리 자매]는 주어진 길로 끝까지 나아가라. 그러면 안식을 누리게 될 것이며, 마지막 날에는 다시 일어나 너에게 할당된 기업을 받게 될 것이다."(저자의 번역).

삶의 지침을 얻으려고 다니엘서를 살피면서, 본문의 이 세 가지 세계를 마음에 품고 그 환상들에 다가갈 때, 우리는 고난 가운데서 영광스러운 미래를 고대하던 주전 6세기의 포로 공동체와 우리 자신의 삶을 연결 짓는 데 도움을 받게 된다. 여섯 개의 궁정 이야기(1-6장)에 뒤이은 네 개의 환상 기록(7-12장)을 읽어 가면서, 우리는 다음의 몇 가지 측면에서 다니엘서 본문이 한 단락에서 다음 단락으로 전환되는 것을 볼 수 있다. 곧 (1) 지상의 영역에서 천상의 영역으로, (2) 적대적인 이방 왕들의 통치 아래서 겪는 고난에서 천상적인 힘이 개입되는 우주적인 성격의 패배와 승리로, (3) 여러 왕과 제국이 뒤얽힌 이 땅의 일들에서 드러난 하나님의 주권에서 우주의 으뜸가는 주권자이신 분에게 초점

> 그 일이 얼마나 오래 지속될지 모른다 해도, 우리는 그저 끝까지 인내하면서 일상생활을 잘 꾸려 나가기만 하면 되는 것일까?

을 맞추는 방향으로, 그리고 (4) 가장 중요한 점으로, 이 땅과 하늘의 모든 일을 하나님이 정하시고 주관하심을 확증하는 데에서 미래에 벌어질 사건들의 참됨이 확실하다는 것으로 그 전환이 이루어지는 것이다. 다니엘서 본문의 열두 장은 다양한 문학적 장치를 활용하여 으뜸가는 주권자이신 하나님의 초상을 복합적으로 그려 내고 있다. 우리 눈에는 현재의 상황이 황폐하게 보일지라도, 그분은 여전히 우주적인 차원에서 인간의 악과 다툼을 통제하고 계신다.

묵시적인 시간표 이해하기

묵시 문헌 가운데서 유일하게 다니엘서는 마지막 때에 벌어질 일들의 구체적인 연대기를 제시하고 있으며, 이는 특히 8장과 11장에 기록되어 있다.[56] 이 시간표들을 이해하는 열쇠는 그 시간표들이 다니엘서 본문의 직접적인 문맥과 더 넓은 맥락에서 각각 수행하는 역할을 살피는 데 있다. 다니엘서의 원래 청중에게 이

---

56 나는 네 개의 환상을 해석하면서, 다니엘서의 묵시적인 시간표 속에 담긴 숫자들과 시간의 계산에 관한 논의를 일부러 배제했다. 연대와 숫자들의 해독 방법에 주의를 쏟는 대신, 라르스 하르트만(Lars Hartman)은 오래전부터 그 연대와 숫자들이 수행하는 기능에 초점을 맞추는 해석 방식을 제안해 왔다. 그의 글 "The Function of Some So-called Apocalyptic Timetables," *New Testament Studies* 22 (1976): 1-14을 보라. 이제 계속되는 논의는 하르트만의 제안에 대한 응답이며, 여기서 나는 그의 해석 방식에 문맥의 측면을 덧붙이려 한다. 내가 추천하는 접근 방식은 네 환상 속에 담긴 시간표들의 직접적인 문맥에 뿌리를 둔 것으로, '기능-문맥 중심의' 해석법이라 부를 수 있다.

시간표들은 이론적인 정보를 제공하기보다 그들 자신을 위로하고 격려해 주는 역할을 했다.[57] 그리고 12:11-12에서는 독자들에게 끝까지 견딜 힘을 주려는 의도로 시간표들을 언급하고 있다.

아래의 예들에서 주목할 것은 답을 구하는 이의 마음이 더욱 절박해짐에 따라(이는 종종 질문의 형태로 표현된다) 주어지는 대답도 더욱 정확하고 구체적인 것이 된다는 점이다(예를 들면 정확한 날짜 수를 밝힌다).

사례 7:25 "한 때와 두 때와 반 때" **문맥** "내가 그 곁에 모셔 선 자들 중 하나에게 나아가서 이 모든 일의 진상을 물으매"(16절); "이에 내가 넷째 짐승에 관하여 확실히 알고자 하였으니"(19절); "내가 또 열 뿔에 관하여 알고자 하였으니"(20절)[58]; "모신 자가 이처럼 이르되"(23절상)	가장 덜 절박한 쪽
사례 8:14 "이천삼백 주야까지니 그때에 성소가 정결하게 되리라" **문맥** "환상에 나타난바 매일 드리는 제사와 망하게 하는 죄악에 대한 일과 성소와 백성이 내준 바 되며 짓밟힐 일이 어느 때까지 이를꼬"(13절)	↓
사례 9:24-27 "일흔 이레 … 일곱 이레 … 예순두 이레 … 한 이레 … 그 이레의 절반에" **문맥** 넓은 문맥: 참회의 기도 / 직접적인 문맥: "간구할 때"(20절); "기도할 때에"(21절); "네가 기도를 시작할 즈음에 명령이 내렸으므로"(23절); "그런즉 너는 이 일을 생각하고 그 환상을 깨달을지니라"(23절)	

---

57 이와 유사하게, 롱맨은 매우 상징적인 이 숫자들의 기능이 "연대를 정하는 데 있는 것이 아니라 위로를 베푸는 데 있다."라고 언급한다(*Daniel*, 215).
58 역주: 개역개정판에는 이 구절이 생략되어 있다.

사례 10:13-14 "그런데[59] 바사 왕국의 군주가 이십일 일 동안 나를 막았으므로"(13절); "이는 이 환상이 오랜 후의 일임이라"(14절)
문맥 "내가 네 말로 말미암아 왔느니라"(12절); "이제 내가 마지막 날에 네 백성이 당할 일을 네게 깨닫게 하러 왔노라"(14절)

사례 12:7 "한 때 두 때 반 때를 지나서"
문맥 "이 놀라운 일의 끝이 어느 때까지냐"(6절하); "내가 듣고도 깨닫지 못한지라 내가 이르되 내 주여 이 모든 일의 결국이 어떠하겠나이까 하니"(8절)

사례 12:11 "매일 드리는 제사를 폐하며 멸망하게 할 가증한 것을 세울 때부터 천이백구십 일을 지낼 것이요"
문맥 넓은 문맥: 5-7절 / 직접적인 문맥: "내가 이르되 내 주여 이 모든 일의 결국이 어떠하겠나이까 하니"

사례 12:12 "기다려서 천삼백삼십오 일까지 이르는 그 사람은 복이 있으리라"
문맥 넓은 문맥: 5-7절 / 직접적인 문맥: "내가 듣고도 깨닫지 못한지라 내가 이르되 내 주여 이 모든 일의 결국이 어떠하겠나이까 하니 그가 이르되 다니엘아 갈지어다 이 말은 마지막 때까지 간수하고 봉함할 것임이니라"(8-9절)와 "너는 가서 마지막을 기다리라 이는 네가 평안히 쉬다가 끝날에는 네 몫을 누릴 것임이라"(13절) 사이에 들어 있음.

가장 절박한 쪽

이 문맥을 통해 볼 수 있듯이, 이 시간표들은 바벨론에 포로로 끌려온 그 공동체가 불확실한 미래를 앞둔 가운데서도 하나님의 개입을 기대하게 함으로써 그들에게 위로와 격려, 또한 당시의 상황을 견딜 힘을 제공해 주었다. 이와 마찬가지로 오늘날 우리가

---

59 히브리어 본문에는 ('그리고'를 뜻하는) '와우(waw) 연속법' 대신에 ('그러나'의 뜻을 지닌) '대조의 와우(waw)' 용법이 쓰였다.

처한 세계를 다니엘서 본문의 세계와 연결 지을 때, 우리는 자신이 어떤 상황에 처하든지 담대히 하나님 앞에 나아갈 수 있음을 보게 된다. 우리는 "이 일을 얼마나 더 오래 견뎌야 합니까?"라는 질문에 대해 구체적인 답을 듣지 못할지도 모른다. 하지만 그럼에도 우리는 위로와 격려를 받고 힘을 얻게 될 것이다.

결론

우리는 이 세 가지 세계의 접근 방식에 의거하여, 다니엘서의 환상들을 이해하고 그 내용을 우리 자신의 삶과 연관 짓는 일에 중요하게 작용하는 두 가지 요소를 살펴보았다. 그중 첫 번째는 본문에서 일인칭 시점을 사용하고 있다는 점이다. 그럼으로써 독자들은 다니엘과 함께 그 환상들을 경험하도록 초청받게 된다. 그리고 둘째로 우리는 그 환상들이 원래의 청중에게 지녔을 의미를 헤아려 보았다. 활용 가능한 역사적 정보들이 있음에도 불구하고, 다니엘서에는 여전히 우리에게 깊은 신비로 남아 있는 부분들이 있다. 하지만 그럼에도 원래의 독자들은 장차 이루어질 일들의 확실성을 거듭 확신했다.

1-6장에서 하나님의 주권이 중심 주제로 확립되었지만, 그럼에도 마지막 때에 일어날 사

> 우리는 어떤 상황에 처하든지 하나님 앞에 담대히 나아갈 수 있으며, 그럼으로써 힘과 위로를 얻게 된다.

건들의 비밀은 여전히 다니엘을 압도하고 있다(7:28; 10:8-21). 다니엘서의 두 부분, 곧 1-6장의 궁정 이야기와 7-12장의 환상은 함께 어우러져서 다니엘서의 핵심 메시지를 강조해 준다. 이는 곧 신자들은 주권자이신 하나님의 신비를 어렴풋이 들여다볼 수 있다는 것이다.

| 읽 어 볼 글 들 |

- 시간이 있다면 다니엘 7-12장 전체를 읽어 보라.
- 예레미야 25:8-14
- 다니엘 9장과 에스라 9장, 느헤미야 9장에 기록된 회개 기도를 읽고 서로 비교해 보라. 그 기도들의 공통점과 차이점은 무엇인가?

| 생 각 해 볼 질 문 |

01 다니엘서 본문을 읽어 나갈 때, 그가 사용한 일인칭 시점은 당신에게 어떤 영향을 주는가?

_____

_____

_____

_____

02 하나님이 하늘의 비밀을 드러내 주시면서도, 그와 동시에 우리를 긴장 상태에 남겨 두신다는 개념을 당신은 어떻게 받아들이는가?

_____

_____

_____

_____

4장

다니엘서에 나타난 묵시적인 하나님의 모습

다니엘서는 구약에 담긴 하나님 이해의 새로운 측면들을 우리에게 보여 주고 있다. 특히 그 책에서 드러나는 것은 묵시적인 하나님의 모습으로, 이는 다니엘서의 중요한 주제이지만 거의 논의되지 않고 있다. 이제 우리는 다니엘서 본문의/본문 속의 세계를 계속 탐구하는 가운데, 앞서 논의된 내용들을 발전시키면서 그 본문에서 하나님을 묘사하는 다른 방식들을 살펴보려 한다. 그럼으로써 우리는 그 책의 전반부(궁정 이야기)와 후반부(환상)를 연결 짓게 될 것이다.

첫째, 전반적으로 다니엘서는 수많은 이름과 암시, 정교한 묘사들을 활용함으로써 우리에게 히브리인들이 섬긴 하나님의 다면적인 모습을 보여 주려 한다. 궁정 이야기(1-6장)에서 서술자는 하나님의 손길에 초점을 뚜렷이 맞춘다. 하나님은 그분을 신실히 섬기는 다니엘과 세 친구를 기적적으로 구출하고 보호하고 인도하시면서, 그들 가운데서 자신의 일을 능동적으로 행해 나가신다. 그리고 하나님은 왕들과 제국들의 흥기와 몰락뿐 아니라, 다니엘과 그 친구들이 그곳에서 살아남고 더 높은 위치에 오르는 일들까지도 주관하신다.

또한 다른 각도에서 살펴볼 때 하나님의 주권은 벨사살, 다리오 왕과 확신에 찬 다니엘 사이의 경합(5장과 6장), 이 땅의 왕들과 히브리 백성의 하나님 사이의 경합(3장, 특히 29절), 그리고 궁정의 신하들과 다니엘 사이의 경합(2-6장)을 통해 드러난다. 다니엘서를 저항 문학 또는 생존을 위한 교본으로 읽을 때,[60] 우리는 하나님이 유다의 역사 속에서 그분의 일을 늘 행하고 계신다는 것이 다니엘서의 지배적인 메시지임을 보게 된다. 이 메시지는 다니엘서의 모든 장에서 메아리치고 있다.

(참회의 기도인) 9:2-19의 역사적 서술에서 제시된 하나님의 모습을 신학적인 뼈대로 삼아, 7-12장에서는 다수의 대단히 묘사적인 요소들과 다양한 이름을 활용하여 초현실적이며 경외심을 불러일으키는 주권자 하나님의 초상을 우리에게 제시하고 있다. 하나님은 옛적부터 항상 계신 이로서 심판을 베푸시며(7:9-10), 모든

---

60 이 점은 이 책의 5장에서 실제적인 사례와 함께 논의될 것이다.

일의 때를 정해 두신다(11:27, 29, 33). 또 그분은 구름을 타고 임하는 인자 같은 이이며(7:13-14), 가브리엘과 미가엘 같은 천사들과 하늘의 전령들을 통해 일하시는 분이다(7:21-27; 8:13-16; 10:12-11:1; 12:5-7). 하나님은 지극히 거룩한 이로서 기름 부음을 받으신 분이며(9:24-26), 세마포 옷을 입고 강물 위에 서셨던 분이다(12:5-6). 그 가운데서도 가장 기이하고 놀라운 모습은 수많은 이들이 내는 소리처럼 음성을 발하는(10:6), 빛나고 두려운 인물(10:2-6)로 묘사된 하나님이다. 또한 하나님은 자신의 백성을 위해 싸우시며, 그들을 억압하는 자들을 징벌하시는 신적인 용사이시기도 하다(10-11장).

오늘날의 독자들에게도 이런 하나님의 초상은 풍성하고 눈부신 것으로 다가오며, 다니엘서 본문은 '묵시적인' 문학적 특질들을 활용하여 신학적인 메시지를 전달함으로써 우리의 감각과 상상력이 그 내용에 몰입되게끔 이끈다. 따라서 그저 하나님의 이름들을 이성적으로 분석하는 일만으로는 충분치 않은 것이다. 나아가 다니엘서 본문에서는 다니엘 자신이 본 환상을 통해, 그 자신의 목소리로 하나님에 관한 묵시적 이해를 우리에게 전달하고 있다. 다니엘은 자신의 눈과 귀로 그 환상을 보고 들으며,

> 다니엘이 경험했던 것과 같은 방식으로 하나님을 경험하라. 곧 그분을 경외하는 마음으로, 우리의 전 존재를 다하여 하나님을 만나야 한다.

그 환상들이 준 충격을 신체적으로나 정서적으로 생생히 느낀다. 그리하여 그는 그 환상들의 온전한 의미를 이해하려 애쓰며, 마음 깊은 곳에서 이렇게 울부짖는다. "어느 때까지[니이까]"(12:6-8). 일인칭의 환상 기록이라는 문학적 방편을 통해, 다니엘은 자기와 같은 시대의 사람들뿐 아니라 오늘날의 독자들까지도 그가 본 환상을 경험적으로 느끼도록 이끌어 간다. 다르게 말하면, 다니엘은 신자들이 그분을 경험하게 될 때 그들의 삶을 변화시킬 수 있는 분으로 하나님을 이해한다. 그리고 독자들은 다니엘이 하나님을 경험했던 것과 같은 방식으로 그분을 경험하도록 권면을 받는다. 곧 하나님을 경외하는 마음으로, 우리의 전 존재를 다하여 하나님을 만나야 한다는 것이다.

묵시 문학

'묵시'(apocalypse)라는 단어는 초자연적인 계시를 뜻하는 그리스어의 '*apokalypsis*'에서 유래했다. 성경에 기록된 묵시들은 대개 (예를 들면 하나님의 보좌나 역사의 절정에 관한) 하늘의 비밀을 담은 환상이며, 천사가 그 내용을 설명해 주게 된다. 다니엘이 본 환상들에 담긴 심상 중 일부는 고대 근동의 신화에서 나타나는 것과 유사하다(예를 들어, 바다에서 올라오는 짐승들의 형상이나 구름을 타고 임하는 인물의 모습 등). 또한 그 가운데는 히브리 성경의 앞선 본문들에 나타난 것과 유사한 심상도 있다(이사야 24-27장을 보라).[61]

---

61 이 단락의 내용은 "Apocalyptic Literature," by John J. Collins, in John D. Barry, et al., *Faithlife Study Bible* (Bellingham, WA: Lexham Press, 2012, 2016)에서 가져왔다.

둘째, 다니엘서에 담긴 하나님의 초상이 지닌 독특성은 본문 속에서 벌어지는 일들에 하나님이 개입하시는 정도에서 드러난다. 구약에서 하나님은 모세와 선지자들의 음성을 통해 사람들에게 다가오시고 말씀하셨다.[62] 그리고 시편, 잠언, 전도서, 욥기는 그 역학 관계의 새로운 측면을 보여 준다. 곧 사람이 하나님께 다가가 말씀을 건네는 것이다. '하나님이 사람에게 다가와 말씀하심/사람이 하나님께 다가가 말씀을 건넴'의 이 이중 구조는 인간의 역사, 곧 지상의 무대 속에 놓여 있다. 하지만 다니엘서 본문에서는 인간의 역사 속에 개입하시던 하나님의 손길이 11장 이후부터 천천히 다른 영역으로 옮겨 간다. 곧 인간 역사의 그 위에 있는 영역, 또 그 너머에 있는 영역으로 나아가는 것이다.

바로 여기에 묵시 문학의 참된 기능이 있다. 주권자 하나님께 속한 비밀과 마지막 때의 일들, 그리고 그 일들이 펼쳐지면서 나타날 역학 관계, 이를테면 하나님이 자신의 백성을 위해 거두시게 될 최후의 승리(11:40-12:10)와 부활 생명의 약속(12:2-3, 12), 하나님께 속한 백성, 곧 성도들의 영원한 보존(12:11-12) 등을 전달하기 위해서는 완전히 새로운 장르의 글이 필요하다. 그러므로 하나

---

62 히브리어 구약 성경은 율법서, 선지서, 성문서의 세 부분으로 나뉜다. 이 중 율법서와 선지서는 그 성경의 첫 번째와 두 번째 부분으로 간주되며, 묵시 문헌인 다니엘서는 세 번째 부분인 성문서에 속한다.

> 하나님은 이 땅에서 일어날 일들을 작정하시고 그 때를 정하시며, 이곳에서 벌어지는 사건들을 온전히 주관하시는 분이다.

님의 개입은 이 땅의 무대를 벗어나서 인간 역사의 그 위와 그 너머에 있는 영역으로 옮겨 가게 되는 것이다.

셋째, 다니엘서는 하나님을 불가해한 분으로 묘사하고 있다. 다니엘이 본 환상의 내용을 천사들이 설명해 주었을 때조차도, 하나님에 관한 그 묵시적 환상 가운데는 다니엘에게 당혹스럽게 다가오는 측면들이 여전히 남아 있었다. 하물며 오늘날의 우리 독자들의 경우에는 더더욱 말할 것도 없다. 어쩌면 그와 같은 상태는 비밀한 일들을 알리면서도 그 일들의 불가해한 성격을 남겨 두는 묵시 문학의 본성과 기능에 부합하는 것인지도 모른다. 우리가 다니엘서에서 드러나는 하나님의 모든 속성을 정확히 기술하기는 쉽지 않다. 그 환상들이 참되다는 언급(10:1)과 그 메시지가 진리의 글에 기록된 참된 것이라는 언급(11:2), 그리고 그 일들이 정해진 때에 일어날 것이라는 확증이 강조되는 가운데서 독자들은 주권자 하나님께 속한 비밀을 어렴풋이 들여다볼 수 있다.[63] 하나님은 이 땅에서 일어날 일들을 작정하시고 그 때를 정하시며, 이곳에서

---

[63] 이는 다니엘이 본 환상들이 어느 정도까지는 이해될 수 있지만 온전히 파악될 수는 없음을 독자들에게 상기시키려는 표현이다. 비록 우리가 그 환상들의 세부 사항을 다 헤아릴 수는 없지만, 그 환상들은 주권자이신 하나님이 모든 일을 주관하고 계심을 분명히 보여 준다.

벌어지는 사건들을 온전히 주관하시는 분이다.

| 읽 어 볼 글 들 |

- 이사야 24-27장을 읽고, 다니엘 7-12장에 나타난 것과 유사한 어구나 이미지들을 찾아보라.
- 예수님에 관해 묘사한 요한계시록 1:9-20을 읽고, 다니엘 7-12장에 쓰인 것과 유사한 어구들을 찾아보라. 당신은 요한이 그 글을 기록하면서 왜 이 어구들을 선택했으리라고 생각하는가?

| 생 각 해 볼 질 문 |

01 다니엘서 9장에서는 이스라엘의 역사를 서술하면서 하나님의 다양한 모습을 우리에게 보여 준다. 당신은 구속자이자 언약의 창시자, 그리고 주권자이신 하나님을 어떻게 경험하고 알게 되었는지 생각해 보라.

---

02 당신은 지금 이곳에서 당신의 삶에 함께하시는 하나님이 또한 묵시적인 분이기도 하다는 것을 인정하는가? 하나님의 일하심이 인간 역사의 그 위와 그 너머까지 나아간다는 사실을 이해하고 고백할 때, 지금 당신이 살아가는 방식은 어떻게 달라지겠는가?

5장

다니엘과 우리 자신의 변화

기타모리 가조(Kitamori Kazoh)는 아마도 하나님의 고통의 신학에 기여한 최초의 아시아계 미국인 신학자일 것이다. 그의 책 『하나님의 아픔의 신학』(*Theology of the Pain of God*)[64]은 1960년대 중반에 출간되었다. 그는 원자폭탄이 떨어진 이후 일본인들이 겪은 아픔과 고통에 생생히 공감하면서 이 예리한 통찰이 담긴 책을 저술했다. 1970년대에 젊은 신학생으로 이 책을 읽으면서, 나는 그가 보여 준 통찰의 깊이와 그 주제에 관한 몰입 수준에 깊이 감탄했다. 그 책에서 기타모리는 일본이 겪은 국가적 고난과 수치를 되새기면서 강렬한 정서적 아픔을 재현하고 있다. 그래서 나는 그

---

64 Kazoh Kitamori, *Theology of the Pain of God* (Richmond: John Knox, 1965, 『하나님의 아픔의 신학』, 새물결플러스).

가 자신의 경험을 서술한 내용을 읽으면서 깊은 감명을 받았다. 성경 해석의 맥락에서 이 과정은 '전유'(專有, appropriation)[65]의 과정으로 지칭될 수 있다. 이 과정을 통해서 이전 사람들의 경험이 기록된 고대의 본문과 오늘날의 신자들 사이에 실제적인 대화가 이루어지게 되며, 우리의 경우에 그 본문은 다니엘서이다.

전유

먼저 '전유'의 개념을, 성경의 어떤 본문을 독자들에게 상황적인 연관성을 지닌 것으로 다가오게끔 만드는 일로 정의하면서 논의를 시작하려 한다. 앤드류 킬(Andrew D. Kille)은 이렇게 언급한다. "전유에는 그 본문의 다양한 측면을 분석하는 일이 포함되며, 그뿐 아니라 독자들이 잘 이해할 수 있는 방식으로 그 요소들

---

65 역주: 저자는 포스트모던 해석 방법론을 연구한 구약학자이다. 그래서 보통은 '적용'(application)이라고 표현할 법한 상황에서 'appropriation'이라는 단어를 쓴 것 같다. 여기서 이 단어의 의미는 옥스포드 영어사전의 "The deliberate reworking of images and styles from earlier, well-known works of art"(이전의 잘 알려진 예술 작품에서 이미지와 표현법을 가져와서 의도적으로 재가공하는 작업)에 가까워 보인다. 문학/문화 연구 분야에서는 이 용어를 우리말로 '전유'라고 옮기곤 한다. 이 책에서도 'appropriation'을 '적용'이라는 단어로 옮길 수도 있지만, '적용'은 한 방향 소통(본문→독자, "본문이 이렇게 말하니 우리는 이렇게 살아야 한다.")을 강조하는 반면, 이 개념은 쌍방향 소통(본문↔독자, 본문과 독자의 대화를 통한 의미 생성)에 초점을 맞추고 있어서 여기서는 '전유'라는 단어를 사용하기로 한다.

을 **재현하는** 일 역시 요구된다."⁶⁶ 전유는 양방향 도로로서, 그 안에는 본문의 세계에서 독자가 처한 환경으로 이어지는 길뿐 아니라 그 반대의 길도 자리 잡고 있다. 그 과정은 본문에 의해 투사된 가능 세계(possible world)와 독자 자신이 처한 세계 사이의 상호 작용을 통해 일어나며, 이때 그 과정은 본문에 의해서도, 독자에 의해서도 통제되지 않는다. 전유는 본문과 독자 사이의 교차점에서 이 둘의 상호 작용을 통해 발생하며, **되새김**(reliving)과 **재현**(reexpressing)의 두 단계에 걸쳐 진행된다.

> ### 정서적인 영역
> 중국에는 시를 읽는 법과 그림을 감상하는 법에 관해 '시정화의'(詩情畫意)라는 유명한 격언이 있다. 이는 문자적으로 '중국 시와 그림의 정서적인 영역'을 뜻한다. 그리고 어떤 대상에 대한 감상과 이해는 바로 이 정서적인 영역에서 일어난다. 독자인 우리가 다니엘의 환상 체험에 몰입함에 따라, 7-12장 본문이 우리 속에 전달하고 또 이끌어 내는 감정들은 다양한 수준에서 우리의 인식을 사로잡아 그 본문이 주는 메시지에 대한 우리의 이해를 형성하게 된다.

묵시적인 하나님을 향한 우리의 신앙을 다시금 확언하면서

앞서 우리는 다니엘서에 나타난 하나님에 관한 기이하고 정교한 묘사들이 지닌 중요성을 논의했으며, 이런 묘사들은 그분의 수

---

66 D. Andrew Kille, *Psychological Biblical Criticism* (Minneapolis: Fortress, 2001), 53; 강조 표시는 내가 추가한 것이다.

많은 이름들을 통해 강조되었다. 그런데 이런 묘사들의 배후에는 늘 불가해한 긴장감이 자리 잡고 있다. 다니엘이 살았던

> 하나님은 우리의 삶에 개입하셔서 우리를 구원하고 보호하시며, 인도하고 위로하시며, 격려하고 힘을 북돋아 주신다.

시대의 포로 공동체가 겪었듯이, 하나님에 대한 우리의 개인적이며 공동체적인 경험 역시 대부분의 경우 그분이 어떤 분이신지에 토대를 둔다.

하나님은 우리의 삶에 개입하셔서 우리를 구원하고 보호하시며, 인도하고 위로하시며, 격려하고 힘을 북돋아 주신다. 여섯 개의 궁정 이야기(1-6장)를 들으면서, 원래의 청중은 역사 속에서 하나님이 행하신 일들을 배우고 간직하게 되었을 것이다. 이와 마찬가지로, 우리의 신앙 역시 하나님의 약속과 그분에 대한 우리의 경험적인 앎에 토대를 두고 있다. 하나님의 비밀이 지닌 다양한 차원, 특히 현 세대의 마지막에 일어날 일들에 관한 계시(11장과 12장)는 우리의 신앙에 도전을 제기할 수 있는 긴장감과 불확실성을 빚어낸다. 그리고 다니엘은 "어느 때까지[니이까]"(12:6)라고 간곡한 물음을 던지면서 그런 마음의 태도를 드러내고 있다. 다니엘서의 본문에 나타난 동일한 질문인 "환상에 나타난바 … 일이 어느 때까지 이를꼬"(8:13)와 함께 구체적이지 않은 언급들(예를 들

면, "작정된 기한에"[11:27, 29][67]; "오랜 후의 일"[10:14]), 그리고 묵시적인 시간표들을 통해 제시되는 기간[68](예를 들어, 이천삼백 번의 밤과 낮 [8:14]; 천이백구십 일과 천삼백삼십오 일[12:11-12])을 살피면서, 우리는 다니엘서에 나타난 비밀을 해독하는 것이 아니라 지극히 높으신 주권자 하나님, 곧 신들의 신(11:36)이신 분을 향한 신앙을 새롭게 다지는 데에 본문 해석의 목표를 두어야 함을 알게 된다. 본문의 서술자는 특히 네 가지 환상의 마무리 부분에서 이 점을 뚜렷이 드러내고 있다. 다니엘이 일인칭으로 기록한 그 환상들의 끝부분에서, 그는 이러한 약속이 담긴 명령의 말씀을 듣게 된다. "그러나 다니엘아, 너는 끝까지 나아가라. 마지막 때에 너는 안식을 얻고 네 몫을 누리게 될 것이다."(12:13, 저자의 번역).

한편으로 우리는 그때가 언제이든 간에 다니엘은 그저 '끝까지 나아가기만 하면' 되었는지, 또는 무언가 그에게 더 요구되는 일이 있었는지 의문을 품을 수 있다. '안식'을 얻으며 '네 몫을 누리게 된다'는 개념에 관해서도 이와 마찬가지이다(12:13). 그리고 다른 한편으로, 다니엘과 그 시대 사람들에게 부활과 영원한 상급의 약속은 우리의 경우보다도 더 낯설고 멀리 떨어진 것이었다. 본질

---

67 역주: NIV 본문에는 이 두 구절 모두에 "at the appointed time"이라는 표현이 쓰였다.
68 3장에서 논의한 내용과 비교해 보라.

적으로 다니엘서의 결말에 담긴 것은 바로 정하신 때에 이 일들이 일어나게 하실 주권자 하나님의 영원한 약속을 믿고 따르라는 부르심이다. 다니엘이 체험한 환상의 끝부분에서 고통받는 그의 영혼을 달래 주셨던 그 말씀은 우리에게도 똑같은 효력으로 다가온다. "그러나 너[카버/크리스틴/워렌]는 끝까지 나아가라. 마지막 때에 너는 안식을 얻고 네 몫을 누리게 될 것이다."(12:13, 저자의 번역).

둘째로 구약의 다른 책들에서 나타난 계시들에 더하여, 다니엘서에서 하나님은 인간 역사의 그 위에, 또 그 너머에 개입하신다(특히 11-12장). 1-6장에 담긴 3인칭 서술자의 시점에서 볼 때, 하나님의 주권은 그분이 이 땅에서 행하시는 일들을 통해 드러난다. 그분은 현재와 미래에 이 세상에서 벌어지는 사건들을 계속 주관하시며, 인간 역사의 그 위와 그 너머를 다스려 나가실 것이다.

그렇다면 신앙의 여정에 나선 순례자인 우리에게 이 사실이 주는 함의는 무엇일까? 우리는 다니엘이 살았던 시대의 격동을 되새기고 하나님의 이 묵시적인 측면이 지닌 의미를 재현함으로써, 우리가 처한 이 혼란스러운 세계에서 벌어지는 인간 악의 깊이와 사람들이 겪는 격렬하고 거대한 고난을 어느 정도 받아들이게 된다. 곧 현재의 겉모습이

> 현재의 겉모습이 어떻든지, 주권자이신 하나님이 여전히 모든 일을 다스리신다.

어떻든지 간에 주권자 하나님이 여전히 모든 일을 다스리고 계신다. 우리는 바로 이런 식으로 다니엘서의 메시지를 우리의 일상생활 속에 전유하게 된다.

저항 문학이자 생존 교본인 다니엘서[69]

다니엘 1-6장을 저항 문학이자 생존 교본으로 읽을 때, 그가 취한 대응 전략이 부각된다. 이방 왕의 통치 아래 놓인 그는 종교적으로나 민족적으로 소수파의 처지에 있었으며, 그가 처한 세계는 적응하기 어렵고 불편한 곳이었다. 끈기 있게 견디는 것과 적응하는 능력은 생존의 필수 도구이다. 만일 우리가 다니엘서를 그의 성공담으로 이해한다면, 1-6장의 서술자가 제시하는 전반적인 가치들은 충성심과 낙관주의, 그리고 아마도 지배 세력에 순응하는 일이 될 것이다. 다만 그 순응이 (다니엘의 경우, 유다 지역 출신의 유대인이라는) 자신의 개인적인 정체성을 포기할 정도로 이루어져서는 안 된다. 자신의 고향을 떠나 다른 문화권으로 넘어온 오늘날의 이주 가정들 역시 다니엘이 겪었던 것과 동일한 소외와 적응과 동화, 그리고 때로는 재교육의 여정을 거치게 된다. 다니엘서에 나타난 것과 마찬가지로, 이렇게 문화의 경계를 넘어갈 때에는 기쁨과 고통, 성공과 실패의 가능성이 공존한다. 다니엘은 포로

---

69 Leung Lai, "Word Becoming Flesh," 65-77을 보라.

상태에 있던 개인이 그 문화권에 귀화하여 큰 뜻을 품은 지혜자가 된 사례를 보여 준다. 그는 자신의 고향에서 얻은 긍정적인 특성을 이방 왕의 궁정에서 발휘하며, 자신의 배경을 모두에게 유익한 쪽으로 활용한다. 이런 가능성을 깨닫지 못한다면, 우리는 자유의 땅에 있으면서도 자신이 새로운 상황 속에서 새로운 이웃에게 베풀 수 있는 유익을 묻어 둔 채 언제까지나 포로 신세에 머물게 될 수 있다.

또한 다니엘서는 자신이 처한 정황에 대해 다니엘서가 메시지를 주고 있음을 발견한 사람들이 종종 전유하게 되는 본문이다. 9:2에서는 다니엘 자신이 현재의 상황을 이해하려 애쓰면서 예레미야서 말씀에 귀를 기울이는 모습을 보인다. 그렇게 하는 가운데서, 그는 과거에서 이어져 온 전통에서 의미와 중요성을 찾으려 하는 우리와 닮은 모습을 보여 주고 있다. 다니엘서를 적대적인 제국의 지배 아래서 생존하는 법을 알려 주는 교본으로 이해할 때,[70] 다니엘과 그 친구들이 채택한 전략은 창의적이면서도 미묘한 풍자와 유머를 활용하는 것이었다. 이 점은 오늘날 소수 집단에 속한 이들이 몇몇 전문적인 분야뿐만 아니라 사회 전반에 적응해 나가는 데 중요한 함의를 줄 수 있다.

---

70 이는 앞서 발레타가 주장한 바와 같다. 2장을 참조하라.

우리 각자 안에 있는 '다니엘'의 모습:
공적인 영역과 사적인 영역 사이의 긴장

다니엘서가 우리에게 다니엘의 두 가지 모습을 제시하고 있다는 사실에 주의하지 않고는 다니엘을 온전히 이해했다고 여길 수 없다. 이 둘은 곧 1-6장의 궁정 이야기에서 묘사된 공적인 다니엘의 모습과 7-12장의 일인칭 기록에 나타난 사적인 다니엘의 모습이다. 그의 공적인 모습은 큰 뜻을 품은 지혜자로, 자신감의 전형과도 같은 인물이다. 그는 포로에서 마침내는 제국 전체를 총괄하는 총리로 '승진'한다(6:28). 이 구절의 요약적 평가는 다니엘이 거둔 공적인 성취를 잘 보여 준다. "이 다니엘이 다리오 왕의 시대와 바사 사람 고레스 왕의 시대에 형통하였더라." 다니엘은 거듭해서 거룩한 신들의 영을 지닌 인물이자 또래 집단 가운데서 돋보이는 자질을 지닌 이로 묘사된다.

앞서 논의했듯이, 다니엘서의 열두 장은 연대순으로 배열되어 있지 않다. 7장과 8장에 기록된 환상은 바벨론의 벨사살 왕이 통치하던 시기에 주어진 것으로, 아마도 5장의 사건들이 벌어지기 전에 계시되었을 것이다. 그리고 6장과 9장에 기록된 일들은 다리오 왕의 통치기에 일어났으며, 마지막 환상(10-12장)은 고레스 왕의 통치기에 주어졌다. 하지만 이 장들을 연대순으로 배열하는 것은 다니엘을 이해하는 데 중요한 의미를 지닌다. 그렇게 할 때 그의 공적인 인격과 사적인 인격이 하나의 시간적인 틀 안에서 동시적으로 우리 눈앞에 드러나 보이기 때문이다. 현재의 배열 순서 대신에 연대순으로 이 장들을 읽어 갈 때, 우리는 한편으로는 다니엘이 꿈들을 해석할 통찰력과 지성과 탁월한 지혜를 지닌, 큰 뜻을 품은 지혜자로서 공적인 책무를 감당하면서도(5:12, 14), 동시에 그가 받은 환상이 자신의 이해력을 넘어서는 것임을 인정하는 모습을 발견하게 될 것이다(8:27). 자신이 본 환상들 때문에 깊은 번민에 빠지고(7:15, 28) 지친 그는 결국 여러 날 동안 앓아눕는다. 하지만 그럼에도 그는 다시 일어나서 왕이 맡긴 공적인 책무들을 수행해 나가야만 했다(8:27). 사적인 삶의 영역에서 그는 그 괴로운 생각과 사안들을 마음속에 혼자 간직해야만 했다(7:28). 그리고 다니엘의 이 두 모습을 비교할 때 또 다른 차이점이 뚜렷이 드러난다. 5장에서는 대담한 확신에 찬 다니엘이 나약하고 두려움에 사로잡힌 왕 벨사살을 대면한다. 하지만 자신의 사적인 삶에서는 다니엘 역시 그 왕이 느낀 것과 똑같은 두려움을 겪었던 것으로 묘사되고 있다(7:15, 28; 8:17, 27과 5:6, 9-10을 비교해 보라).

다니엘이 겪은 내적 갈등을 좀 더 면밀히 살필 때, 우리는 그가 다른 이들의 꿈은 해석해 내면서도 정작 자신이 본 환상을 해석하는 데는 어려움을 겪으면서 상당한 긴장이 생겨났다고 볼 수 있다. 모든 종류의 꿈과 환상을 이해하는 능력은 하나님이 주신 것이었으며(1:17), 그는 이 비범한 재능을 통해 다른 총리나 고관들과는 구별되는 위치에 오를 수 있었다(6:3). 하지만 그 스스로 환상을 체험하게 되면서, 다니엘은 탁월한 현자이면서도 동시에 그 자신의 환상에 압도되고 번민에 빠진 선견자로서 곤경에 처한다. 다니엘이 겪은 정서적 혼란과 신체적인 아픔은 이 같은 긴장도 한 원인이 되었을 것이다.

목회적인 관점에서 살펴볼 때, 다니엘의 내적인 삶이 공동체적인 차원 곧 성도들의 공동체에 끼치는 영향은 그리 주목받지 못하고 있다. 하지만 어쩌면 우리 각 사람과 각 공동체들 가운데 '다니엘'의 모습이 있을 수 있다. 그렇다. 다니엘이 살았던 세계는 다툼과 혼란, 그리고 왕과 제국들의 흥기와 쇠락으로 가득 찬 곳이었다. 그것은 또한 다니엘서가 꿈과 환상들 속에 심긴 심상을 통해서만 드러내 보일 수 있는 세계이기도 했다. 그리고 본문의 표면을 뚫고 들어가서 그 아래 놓인 이 심층 구조들을 살핌에 따라, 우리는 다니엘의 내면세계, 곧 그의 사적인 자아에 초점을 맞추게 된다. 달리 말하면, 다니엘이 일인칭 서술을 통해 우리의 감정에 말을 건네 옴에 따라, 우리는 그 본문에 몰입하는 가운데서 자연히 다니엘이 살았던 그 어지러운 외적인 세계를 뛰어넘어 그의 내면적인 감정에 다가가게 되는 것이다. 나 자신의 경우, 다니엘서를 읽으면서 큰 뜻을 품은 지혜자였던 다니엘의 공적인 모습을 신

> 자신의 힘을 신뢰하는 대신에 하나님의 '환상'과 그분의 시기, 그리고 영원한 일들에 관한 약속의 확실성에 의존해야만 한다.

학 교육자이자 목회자이며 교사로서 내게 주어진 공적인 역할과 비교해 보았으며, 고통받는 선견자였던 그의 사적인 모습을 나 자신의 내적인 삶의 측면들과 대비해 보았던 것이다.

간단히 말해, 다니엘의 내면세계는 역설로 가득 차 있었다. 그는 물음을 던지지만 자신이 들은 답을 이해하지 못하며, 알기를 원하지만 깨닫는 데 실패한다. 그는 환상을 보지만 그 뜻을 헤아리지 못하며, 목소리를 듣지만 그에 응답하지 못한다. 다니엘의 공적인 모습과 사적인 모습, 이 두 가지 모습과 소통할 때, 그리고 그의 서로 충돌하는 이 감정들을 되새기고 재현하면서 우리 자신의 상황 속에 전유할 때, 우리는 삶의 일부 영역에서 우리 자신이 그와 동일한 궁지에 몰려 있음을 발견할지 모른다. 그리고 우리는 자신의 기대에 스스로 부합하지 못하는 영역이나 이해하기 원하지만 그렇게 하지 못하는 영역에 관한 통찰력을 얻게 될지도 모른다. 우리와 다니엘 사이의 이 유사성이 가르치는 바는 곧 자신의 힘을 신뢰하는 대신에 하나님의 '환상'과 그분의 시기, 그리고 영원한 일들에 관한 약속의 확실성에 의존해야만 할 때가 있다는 데 있다.

다니엘의 탐구 정신과 변화로 나아가는 길

위의 단락에서 논의했듯이 다니엘이 처한 외부 세계는 위험과 혼란이 가득했으며, 그의 내면세계는 역설로 가득 차 있었다. 7-12장에서 다니엘은 천사들의 설명을 통해 도움을 얻으면서도, 그 환상들의 의미가 자신의 이해력을 넘어서는 것임을 인정한다. 그 환상들 중 일부에 관한 해석은 영원히 봉함되어 있도록 의도되었음을 감안할 때(8:26; 12:4), 다니엘의 탐구 정신은 우리가 변화의 길로 나아가는 데 지침을 제공한다.

일인칭으로 기록된 그의 환상들 전체에 걸쳐, 우리의 관심을 뚜렷이 붙드는 한 가지 면모가 있다. 이는 곧 다니엘이 그 환상들의 의미나 성취에 관해 더 온전히 이해하려는 마음에서 끊임없이 물음을 던지고 있다는 점이다. 이런 그의 탐구 정신은 다음의 구절들에서 뚜렷이 드러난다. "이에 내가 … 확실히 알고자 하였으니"(7:19); "내가 듣고도 깨닫지 못한지라 내가 이르되"(12:8)[71]; "나 다니엘이 이 환상을 보고 그 뜻을 알고자 할 때에"(8:15). 다니엘은 또한 "어느 때까지[니이까]"라는 물음을 던졌다(12:6). 하지만 구체적인 답을 얻는 대신에, 그는 그 환상이 "정한 때 끝"(8:17),

---

71 역주: 저자가 인용한 이 구절의 본문은 "I heard, but I did not understand. So I asked", 곧 "내가 그 말을 듣고도 이해하지 못했다. 그래서 이렇게 물었다."로 되어 있다. 이 역본(NIV)의 표현에서는 다니엘의 탐구 정신이 좀 더 뚜렷이 드러난다.

"작정한 기한"(11:24, 29)에 확실히 성취될 것임을 보증받는다. 또한 그는 그 메시지가 참되며(10:1) 진리의 글에 관한 것(10:21)이라는 보증의 말씀을 듣는다.

오늘날의 독자들에게 다니엘의 이 탐구 정신은 '이해를 추구하는 신앙'의 길로 이끄는 핵심 지침으로 간주될 수 있다. 그는 당혹감과 좌절, 영문 모를 일들에 거듭 부딪히게 되지만, 그럼에도 주권자이신 하나님의 약속을 확증받고 재차 확증받게 된다. 그 약속은 곧 모든 일이 **정해진 때에** 이루어지리라는 것이다. 이처럼 우리도 온갖 시련을 끌어안고 삶을 헤쳐 나가면서, 다니엘과 동일한 상황에 놓여 하나님께 영적으로나 물리적으로 "어느 때까지입니까?" 하고 물음을 던졌던 적이 있다. 다니엘서의 독자들은 우리 자신과 주위 사람들의 삶에서 예전에 벌어졌던 일들과 지금 벌어지는 일들에 관해 더 깊은 경험적인 이해를 추구하도록 격려를 받는다. 신앙을 토대로 삼아, 우리는 하나님의 주권과 신비를 더욱 깊이 이해하고 경험하기를 추구할 수 있다. 우리는 신앙의 여정에서 다니엘의 탐구 정신을 전유하면서 새 힘을 얻게 되며, 이것은 일인칭으로 서술된 환상 기록이 마땅히 수행할 만한 역할이다. 그리고 이것은 하나님을 더 잘 알아가기 위해 다니엘서의 본문에 몰입하는 가운데서 그의 삶을 통해 배우게 되는 내용을 우리의 삶 속에서 어떻게 재현할지를 보여 주는 또 다른 예이다.

| 읽어 볼 글들 |

- 낯선 문화권에서 살아남고 또 그 압력에 저항하는 다니엘의 마음이 어떠했을지에 초점을 맞추면서 다니엘 1장을 다시 읽어 보라.
- 다니엘의 탐구 정신과 이에 주어진 응답에 주의하면서 다니엘 12:8-13을 다시 읽어 보라.

| 생각해 볼 질문 |

01 성경의 진리들을 자신의 삶 속에 전유하려 할 때, 우리는 무엇을 '되새기고' 또 '재현해야만' 하는가?

_____

_____

_____

02 당신은 우리 각자에게 '다니엘'의 모습이 있다는 사실, 곧 공적인 기대와 자신의 삶 사이에서 그와 똑같은 분열을 경험하고 있다는 것에 동의하는가? 만약 그렇다면, 다니엘서는 그 긴장감을 감당하면서 살아가는 일에 관해 우리에게 어떤 본보기를 제시해 주는가?

_____

_____

_____

6장

결론

다니엘서는 어려운 책이다. 묵시적인 시간표들을 해독하거나 기이한 꿈과 환상의 의미를 완전히 풀어내는 일은 우리의 능력 밖에 있다. 그리고 우리는 다니엘이 본 환상들의 의미와 세부 사항을 확실히 파악해 내는 데 필요한 도구들을 갖고 있지 않다. 하지만 많은 이들이 옳게 지적했듯이, 묵시 문학의 기능은 마지막 때에 관한 비밀들을 드러내면서도 그것들을 이해할 필요가 없는 이들에게는 그 내용을 감추는 데 있다. 이 책을 주전 6세기에 기록된 것으로 여길 때, 이 책에서 언급된 대부분의 사건들은 원래의 청중에게 '가깝거나 먼' 미래에 이루어질 일들이었다. 달리 말하면, 원래의 청중과 오늘날의 독자 모두에게 다니엘서가 지닌 의의를 파악하는 열쇠는 바로 우리의 신앙에 담긴 신비의 요소를 어떻게 받아들일 것인가 하는 질문과 씨름하는 데 놓여 있다는 것이다.

다니엘서가 우리에게 그 방법을 알려 주지는 않는다. 하지만 그 책은 우리로 하여금 주권자 하나님께 속한 비밀을 어렴풋이 들여다볼 수 있게 해 준다. 그리고 그 가운데서 우리는 장차 임할 사건들의 확실성과 참됨을 거듭 보증받는다. 다니엘서의 열두 장은 우리로 하여금 하나님이 인간의 역사뿐 아니라 인간이 살아가는 현 세대의 그 위와 그 너머에서도 그분의 일을 행하고 계심을 깨닫게 해 준다. 다니엘의 탐구 정신을 살피면서, 우리는 그 비밀들을 온전히 이해하지 못하는 자신의 한계를 시인하면서도 이해를 향한 탐구로써 힘을 얻게 되는 신앙의 여정에 나서도록 격려를 받는다. 불가해한 신비와 긴장감, 그리고 하나님께 속한 비밀들을 오직 어렴풋이 들여다볼 수 있을 뿐이라는 인식은 다니엘서의 전체적인 메시지와 씨름하고 이를 전유하도록 모든 독자들을 초청한다. 그리고 이 신비스럽고 불가해한 책은 바로 이 전유의 영역에서 중요한 의미를 지닐 수 있다.

성경의 다른 책들처럼, 다니엘서도 여러 다양한 문화와 정황에 속한 이들에게 읽히고 있다. 북미에 거주하는 독자나 한

> 북미에 거주하는 독자나 한국의 기독교인, 또는 시리아 출신의 난민은 각자 자신만의 방식으로 다니엘서에 관해 다양하고 풍성하며 이해의 폭을 넓혀 주는 해석을 내놓게 될 것이다.

국의 기독교인, 또는 시리아 출신의 난민은 각자 자신만의 방식으로 다니엘서에 관해 다양하고 풍성하며 이해의 폭을 넓혀 주는 해석을 내놓게 될 것이다. 이제 나는 내가 사회·문화적으로 북미권에 속해 있음을 의식하고, 또 내 독법이 결코 중국계 캐나다인의 관점을 대변하는 것이 될 수 없음을 인식하는 가운데, 다니엘서에서 실마리를 취하여 나의 일인칭 시점에서 두 단계에 걸친 전유를 직접 실행에 옮김으로써 이 책을 마무리하려 한다. 그 두 단계는 곧 되새김과 재현이다.

되새김(Reliving): 나는 집 근처의 YMCA 수영장에서 날마다 열 바퀴씩 돌며 수영을 하곤 한다. 올해 초에 세 친구를 암으로 잃었는데, 이 모든 일이 여섯 주 안에 일어났다. 당시에는 수영장을 한 바퀴 돌 때마다 그 횟수를 세는 대신에 어려움에 처한 그들 중 한 명을 위해 기도해 주는 것이 내 습관이었다. 세 번째 친구의 장례식을 마친 후 풀장에 처음으로 왔을 때, 내가 기도했던 그 친구들이 전부 떠나간 현실이 냉혹하게 상기되면서 마음에 큰 충격을 받았다.

재현(Reexpressing): 여러 달이 지난 후에도, 나는 여전히 상실감과 슬픔에 사로잡혀 있었다. 이는 다니엘이 10장에서 말한 것과 비슷한 정도였다. "내 주여 이 환상으로 말미암아 근심이 내게 더하므로 내가 힘이 없어졌나이다 내 몸에 힘이 없어졌고 호흡이 남지 아니하였사오니 내 주의 이 종이 어찌 능히 내 주와 더

불어 말씀할 수 있으리이까"(단 10:16-17). 바로 이것이 그때 내가 **실제로 느낀** 감정이었다. 그리고 역시 다니엘과 마찬가지로, 영적으로나 정서적으로 그런 상태에 처해 있음에도 나는 여전히 자리를 떨치고 일어나서 내가 섬기는 왕의 일을 감당해야 했다(8:27). 곧 사람들을 가르치고 섬기면서 다양한 사역의 책임을 수행해 나가야 했다. 비탄에 빠진 동안 나는 여러 번 주님 앞에 나아갔고, 내게 이렇게 말씀하시는 그분의 음성을 들으면서 다시금 힘을 얻어 일어서게 되었다. "평안하라 강건하라 강건하라"(10:19).

아마도 이런 일은 우리 자신이나 주위 사람들의 삶에서 결코 일회적인 경험으로 간주되지 않을 것이다. 이후의 삶에서 나는 이와 똑같이 무기력하고 낙심되는 상황을 다시 겪게 될 수도 있다. 그러면 똑같은 과정을 다시 거쳐야만 하겠지만, 거듭 하나님께 나아가 어려움을 견딜 힘과 위로를 구할 때 나는 다시금 강건하게 될 것이다.

다니엘서의 결말 부분(12:12-13)을 살피면서, 우리는 다니엘이 겪은 기이한 환상들, 특히 그 네 번째 환상이 서술된 이후에 좀 더 강력하고 중대하며 극적인 결말이 제시될 것으로 기대할 수도 있다. 하지만 12:12을 인내하는 이들을 위한 축복과 격려의 말씀으로 받아들일 때, 우리는 12-13절이 함께 어우러져서 읽는 이들에게 힘을 주는 맺음말이 됨을 보게 된다. 다만 우리는 종종 이런 물음을 던지게 될 것이다. "주님, 그것으로 충분합니까?" 나는 하나님의 이 약속이 담긴 명령을 깊고 차분하게 성찰해 볼 것을 모든 독자에게 권하고 싶다. "그러나 너[그레이스 목사/토니 형제/글래디스 자매]는 끝까지 나아가라. 마지막 때에 너는 안식을 얻고 네 몫을 누리게 될 것이다."(12:13, 저자의 번역). 그것은 우리에게 차분하지만 확신을 주는 소망이다.

참고 문헌

Baldwin, Joyce G. *Daniel*. Tyndale Old Testament Commentaries. Leicester: Inter-Varsity Press, 1978.

_____. "Theology of Daniel." In *New International Dictionary of Old Testament Theology and Exegesis (NIDOTTE)*, edited by Willem A. VanGemeren, 4:499. 5 vols. Grand Rapids: Zondervan, 1997.

Collins, John. *Daniel: With an Introduction to Apocalyptic Literature*. Forms of Old Testament Literature. Grand Rapids: Eerdmans, 1984.

Coogan, Michael David. *The Old Testament: A Historical and Literary Introduction to the Hebrew Scriptures*. New York: Oxford University Press, 2006.

Fewell, D. N. *Circle of Sovereignty: Plotting Politics in the Book of Daniel*. Nashville: Abingdon, 1991.

Fokkelman, J. P. *Reading Biblical Narrative: An Introductory Guide*. Translated by Ineke Smit. Louisville, KY: Westminster John Knox, 1999.

Goldingay, John E. *Daniel*. Word Biblical Commentary. Dallas: Word, 1987.

Gurney, R. J. M. "The Seventy Weeks of Daniel 9:24-27." *Evangelical Quarterly* 53 (1981): 29-36.

Hartman, Lars. "The Function of Some So-called Apocalyptic Timetables." *New Testament Studies* 22 (1976): 1-14.

Hewitt, C. M. K. "Guidelines to the Interpretation of Daniel and Revelation." In *A Guide to Biblical Prophecy*, edited by C. E. Armerding and W. W. Gasque, 101-16. 2nd ed. Peabody, MA: Hendrickson, 1989.

Kille, D. Andrew. *Psychological Biblical Criticism*. Minneapolis: Fortress, 2001.

Kirkpatrick, Shane. *Competing for Honor: A Social-Scientific Reading of Daniel 1-6*. BIS74. Leiden: Brill, 2005.

Kitamori, Kazoh. *Theology of the Pain of God*. London: SCM Press, 1966.

Leung Lai, Barbara M. "Aspirant Sage or Dysfunctional Seer? Cognitive Dissonance and Pastoral Vulnerability in the Profile of Daniel." *Pastoral Psychology* 57 (2008): 199-210.

―――. "Daniel." In *The People's Bible: New Revised Standard Version*, edited by Curtis Paul DeYoung, Wilda C. Gafney, Leticia Guardiola-Sáenz, George E. Tinker, and Frank Yamada,

1014-15. Philadelphia: Fortress Press, 2008.

_____. *Through the "I"-Window: The Inner Life of Characters in the Hebrew Bible*. Hebrew Bible Monographs 34. Sheffield: Sheffield Phoenix Press, 2011.

_____. "Word Becoming Flesh [On Appropriation]: Engaging Daniel as a Survival Manual." In *Global Voices: Reading the Bible in the Majority World*, edited by Craig S. Keener and M. Daniel Carroll R., chapter 5. Peabody, MA: Hendrickson, 2012.

Longman, Tremper III. *Daniel*. NIV Application Commentary. Grand Rapids: Zondervan, 1999.

Lucas, E. C. "The Origin of Daniel's Four Empires Scheme Re-examined." *Tyndale Bulletin* 40: (1989): 185-202.

Niskanen, Paul. "Daniel's Portrait of Antiochus IV: Echoes of a Persian King." *Catholic Biblical Quarterly* 66 (2004): 378-86.

Redditt, Paul L. "The Community behind the Book of Daniel: Challenges, Hopes, Values, and Its View of God." *Perspectives in Religious Studies* 36 (2009): 321-39.

Russell, David S. "Apocalyptic Imagery as Political Cartoon?" In *After the Exile: Essays in Honour of Rex Mason*, edited by John Barton and David J. Reimer, 191-200. Macon: Mercer University Press, 1996.

_____. *Daniel, An Active Volcano: Reflection on the Book of Daniel*. Louisville: Westminster John Knox, 1989.

Tate, W. Randolph. *Biblical Interpretation: An Integrated Approach*. 3rd ed. Peabody, MA: Hendrickson, 2008.

Valeta, David M. *Lions and Ovens and Visions: A Satirical Reading of Daniel 1-6*. HBM 12. Sheffield: Sheffield Phoenix, 2008.

Wallace, Ronald S. *The Message of Daniel*. Bible Speaks Today. Downers Grove, IL: InterVarsity Press, 1979.

Wenham, D. "The Kingdom of God and Daniel." *Expository Times* 98 (1987): 132-34.

Woodard, B. L., Jr. "Literary Strategies and Authorship in the Book of Daniel." *Journal of the Evangelical Theological Society* 37 (1994): 39-53.

Wong, G. C. I. "Faithful to the End: A Pastoral Reading of Daniel 10-12." *Expository Times* 110 (1999): 109-13.